UNTERWEGS

AUF VIELEN STRASSEN

Georg Stefan Troller

UNTERWEGS
AUF VIELEN STRASSEN

Erlebtes und
Erinnertes

EDITION MEMORIA

INHALT

Lechaim –
Dem Leben und Überleben

Troller in Paris als junger Reporter

VORWORT

Seit Jahren schreibe ich nun mein letztes Buch. Oder sagen wir es genauer: Seit ich den Verlagen mein letztes Buch ankündigte, habe ich zwei weitere letzte Bücher geschrieben und publiziert, dieses ist das dritte. »Warum hören Sie nicht endlich auf zu schreiben?« fragte ich einst den großen alten Mann der britischen Literatur, den neunzigjährigen W. Somerset Maugham, der eben seine dritte Autobiographie vorgelegt hatte. »Weil ich mich sonst zu Tode langweilen würde«, antwortete er trocken. Und in der Tat, wenn ich mich recht erinnere, gab es danach bei ihm noch eine vierte. Achtzig Bände wurden es im Ganzen. Und dabei führte er noch ein reges gesellschaftliches Leben, von einem intimen gar nicht zu reden.

Soll ich nun denselben Grund (oder Vorwand) bringen? Oder doch lieber gleich zugeben, daß ich als gestandener Bücherliebhaber und auch Büchersammler von Kind auf eine fast abergläubische Verehrung für den Buchdruck hege? Filme schön und gut – ich muß an die 170 gedreht haben, laut der Berliner Kinemathek, die sie alle zählt und aufbewahrt. Also, Filme hin und her, aber so ein gedrucktes Buch ist denn doch etwas anderes, zumindest für alte Knaben meiner Generation. Also, Hand aufs Herz, man veröffentlicht Bücher zuallererst, um sich selber Freude zu bereiten. Erst danach kommt die vage Hoffnung, daß es auch anderen Leuten Spaß machen oder gar zu ihrer Lebensbewältigung beitragen könnte. Wobei ich ja hier nicht als weiser alter Mann auftrete, als Psychologe oder gar Philosoph, sondern vorab als Geschichtenerzähler. Auch meiner eigenen Geschichte natürlich. Weil es ja letztlich nicht sosehr darauf ankommt, wie vieles oder wie Außergewöhnliches man erlebt, sondern mit welcher Intensität ... und mit welchem Verständnis! Auch wenn dieses Verständnis natürlich nicht immer vorlag, wann es gefordert war, sondern sich wie üblich erst im Nachhinein einstellte. Aber der Kunst des Älterwerdens habe ich ja in diesem Buch ein ganzes Kapitel gewidmet. Anders steht es mit der Kunst, seine Blamagen zu verkraften. Ich weiß nicht, ob ich einen Ausnahmefall darstelle, aber diese Kunst habe ich, wie Sie hier auch wieder dem entsprechenden Aufsatz entnehmen können, nie richtig gelernt. Noch heute verfolgen mich Blamagen und Versager, die Jahre und Jahrzehnte zurückliegen, bis in meine Träume hinein. (Etwa die Nummer seines Hotelzimmers vergessen zu haben, wenn nachts niemand mehr beim Empfang sitzt, ist ein solch immer wiederkehrender Traum.) Da hilft nur die Kunst des Lachens, die überhaupt zu den befreiendsten, ja den unabdingbaren Tugenden gehört, die man mit zunehmendem Alter erlernen muß. Auch die ernsteren Kapitel in diesem Buch zeugen hoffentlich davon, daß mir das Lachen nicht immer ganz vergangen ist. Ja, daß ich wahrscheinlich erst damit Bekanntschaft machte, als es ernst wurde in meinem Leben. Jugendliche Lachausbrüche habe ich, meiner Erinnerung nach, nie oder kaum je gekannt. Meine war jene Trotzdem-Lache, von der Wilhelm Busch proverbiell spricht.

Eine andere Gabe schließlich, die in diesem kleinen Buch angesprochen wird, ist die Kunst des Erlebens. Bin ich wirklich in alle hier genannten Erlebnisse, Abenteuer, auch Bekanntschaften voll eingestiegen, habe mich ihnen ganz anheimgegeben? Ich bezweifle es, wie das ja auch in dem offenen Gespräch zum Ausdruck kommt, das eine Schweizer Zeitung mir abgefordert hat. Wäre ich voll auf alle mir dargebotenen – oder aufgezwungenen – Erlebnisse abgefahren, ich wäre möglicherweise nicht mehr am Leben. Davor bewahrte mich ein gewisses Talent des Durchschlüpfens, des Abtauchens. Aber auch der Drang und die Fähigkeit, das Erlebte in Worte zu fassen, und ihm damit sozusagen den Stachel zu ziehen. Ja, es kommt sogar vor, daß ich bei meinen nächtlichen Träumen und sogar Albträumen gleichzeitig nach den entsprechenden Worten suche, um das Geschehen zu verbalisieren und damit zu entschärfen.

Eben jene Fusion von Bild und Wort, mit der ich über ein halbes Jahrhundert hinweg meine Fernseharbeit betrieb.

Genug der Geständnisse. Sonst verfalle ich zuletzt noch in jene gefährliche Wollust des Bekennens, mit der sich schon mancher um Kopf und Kragen geredet hat. Bleibt mir nur, der Familie zu danken, Frau und Töchtern, sowie den guten Freunden und Freundinnen, die ja auch Titel und Form des Buches für mich gefunden haben.

Paris, im Frühjahr 2016

Troller als amerikanischer Soldat

HITLER KAPUTT!

Seit einem knappen halben Jahrhundert muß dieser Koffer jetzt in unserem engen Pariser Keller lagern, in den ich so ungern hinabsteige. Vielleicht weil er mich an allerhand Orte erinnert, die man lieber verdrängt. Den Buchbinderkeller zum Beispiel, in dem man seinerzeit die Kristallnacht überlebte, wenn auch nur knapp. Die unterirdischen Waschräume in französischen Internierungslagern. Und dann, im Elsaß, der Granatwerfereinschlag dicht neben dir, und das panische Hinabtauchen in diesen dreckigen Unterstand voller Blut. Schon gar nicht mochte ich an all das Zeug erinnert werden, das diesen Koffer bevölkern mußte. Die Kriegstagebücher. Die Fotos. Die Liebesbriefe, zunehmend trüber, meiner Erinnerung nach (wer hatte mich auch geheißen, direkt in der Trümmerzeit mit einem deutschen Mädchen anzubandeln?). Dazu die entsprechende Prosa, in Form von Novellen, Einaktern und Dreiaktern, oder was immer damals aus einem hervorquoll. Und die Gedichte, natürlich die Gedichte. Unvermeidlich alle gereimt, etwas anderes kannte man ja nicht.

Und dann bist du schließlich doch in den Keller hinunter, immerhin begleitet von der Familie. Hast den Koffer herausgestemmt, zwischen altmodischen Lampen und ehrwürdigen Plattenspielern. Jetzt liegt das alles fein aufgebahrt da. Die Gedichte habe ich gelesen, nicht unberührt von diesem kaum mehr nachvollziehbaren Überschwang. Die Prosa aufgehoben für später, sprich nie. Die meisten Fotos fand ich leider ziemlich verblaßt. Oder es war ein guter Entwickler gar nicht mehr aufzutreiben, damals in diesem zerdepperten Deutschland. Was die Liebesbriefe betraf, so schälte ich sie erst gar nicht aus den roten Seidenbändchen, mit denen das Konvolut verschnürt war. Warum sich diesen ganzen Harm noch einmal antun, jetzt nach siebzig Jahren? Blieb schließlich das Kriegstagebuch. Ich fand es bloß stichwortartig verfaßt und ohne Details, denn das war ja alles strikt verboten damals, im Fall, daß es den Nazis in die Hände fiel. Außerdem hatte ich es zu meiner Überraschung nicht auf englisch notiert, der Sprache der *U.S. Army*, der man schließlich angehörte. Und die einen mit Nahrung und Weltanschauung versorgte. Sondern auf deutsch, der Sprache des Feindes. Der allgemein von uns nur die »*Krauts*« genannt wurde, die »*Jerries*«, manchmal auch die »*Heinis*«. Letzteres vielleicht in Bezug auf Heinrich Himmler, dem ja seit neuestem der Oberbefehl über die

Westfront zustand. Trotzdem hatten wir kaum mehr Angst vor ihnen, zu diesem Jahresende 1944. Auch wenn sie überraschend noch manchmal ihre Zähne zeigen konnten. Zum Beispiel bei dieser großen Weihnachtsoffensive durch die Ardennen, die uns allerhand Blut und Schweiß kostete.

Aber wieso war ich überhaupt hier, auf diesem elsässischen Land mit seinen Kirchlein und Fachwerkhäuschen? Das ich unversehens zu lieben begonnen hatte, vielleicht nur, weil man hier deutsch sprach. Eine Sprache, nach der man sich sieben Emigrationsjahre hindurch gesehnt hatte (»*Ich hab es getragen sieben Jahr* ...«), wie man sich sonst nur nach einer Mutter sehnt. Ja, wieso war ich hier mitten im Schlamassel der Offensive, und nicht auf sicherem Posten in den Staaten? Oder aber längst krepiert, gegen den schlauen Rommel in Nordafrika? Vielleicht, weil seinerzeit im Ausbildungslager Camp Croft (Südkarolina) so ein Hillbilly auf mich zugetreten war mit der anzüglichen Frage: »*You from Tschermany? Da mußt du ja ein guter Freund von Adolf Hitler sein.*« Worauf ich, was sonst, unverschämt zurückgab: »*Ja, mein bester Kumpel.*« Und er mich prompt in der Schreibstube anzeigte, als gefährlichen Nazi. Es dauerte fast ein Jahr, bis ich, auf mein dringendes Ansuchen, »*shipped out*« wurde nach Übersee. Und auch dann nur als Pionier, um in Italien die Nachschubstraßen zu teeren. Weit weg von der Front, und weit weg von den Krauts, mit denen man sich doch endlich konfrontiert sehen wollte. Eines Sonntags (sowas war eben nur in unserer *Army* möglich) trampe ich per Anhalter zur Front. Dort stoße ich auf einen Verhau mit der Beschriftung »*Prisoner Cage*«. Ich melde mich beim Kommandanten dieses »Gefangenenkäfigs«, Captain Baumann, und werde prompt angeheuert. Falls, ja falls ich binnen dreier Tage mit meinem ganzen Zeug hier aufkreuze. Wo nicht, dann eben nicht. Am gleichen Abend war ich bei meinen Pionieren auf Wachdienst eingeteilt, natürlich mit scharfer Munition. Nach der Ablösung um Mitternacht stelle ich mein Gewehr in den Ständer zurück und ziehe wie vorgeschrieben den Hahn ab. Habe aber das Entladen vergessen. Der Schuß ging krachend oben durch das Zeltdach und weckte das ganze Camp. Ich bekam eine Woche Arrest, damit war auch mein neuer Job dahin. Außer ich hatte die Unverfrorenheit, hier zu desertieren und mich nach vorne durchzuschlagen. Ich hatte sie. Bei den Krauts wäre ich jetzt wahrscheinlich dafür füsiliert worden, bei den Amis genügte ein Telefonanruf von Captain Baumann, und die Sache war geritzt.

Nun war ich also Gefangenenvernehmer beim 179. Regiment der 45. Infanteriedivision, genannt die Donnervögel (»*Thunderbirds*«). Was irgend etwas mit dem Glauben der Indianerstämme zu tun hatte, welche den Kader der Division ausmachten, die aus Oklahoma kam. Demnach ist unser Ärmelabzeichen ein goldener Vogel auf rotem Grund. Wir gehörten zur Siebenten Armee von General Patch, dafür bekannt, daß er auf das Leben seiner Soldaten bedacht ist. Etwa im Gegensatz zu General Patton von der Dritten Armee oben im Norden. Dem stürmischen Draufgänger, aber auch Leuteschinder, mit seinen zwei Cowboyrevolvern am Gürtel. Man war heilfroh, nicht unter Patton zu dienen, besonders jetzt, wo sich der Krieg seinem Ende zuneigte. Hatte der nicht sogar kürzlich im Lazarett einen Kriegszitterer geohrfeigt und als Drückeberger beschimpft? Ja, man erzählte sich diese schöne (wenn auch bestimmt apokryphe) Geschichte, wie Patton einem Ausleger von Telefonkabeln, der ihm zu langsam vorankam, mit dem Kriegsgericht

(»*courts martial*«) gedroht habe: »*Welcher Einheit gehörst du an? Welcher Company?*« Darauf der Angeschissene, zufällig ein Zivildienstleister, mit Seelenruhe: »*Ich gehöre zur American Telephone and Telegraph Company, und Sie können zur Hölle gehen.*« Höchst befriedigend für uns von der Siebenten.

Im übrigen war der Krieg noch nicht zu Ende. Denn jetzt brachte ja Hitler persönlich, und, so ergab es sich später, gegen den Rat der Generalität, seine Ardennenoffensive ins Rollen. Und zwar, wie wir bald im Verhör herausfanden, mit neuen Truppen von der Ostfront, wo der russische Druck in der Winterkälte zeitweise nachließ. Fast schien es, als könnten die Krauts wieder einmal, wie bei ihrem berühmten »*Sichelschnitt*« vom Mai 40 in Frankreich, unsere Front entzweischneiden, und durch zum Ärmelkanal! Kurz darauf kam dann zu allem Überfluß die »*Operation Nordwind*« hinzu, gerichtet gegen unsere ausgedünnten Linien im Elsaß. Insgesamt eine Viertelmillion Mann, darunter solche Eliteeinheiten wie die SS-Division »*Götz von Berlichingen*«, die mit den neuen Tigerpanzern ausgerüstet war. Wir mußten »*bugger off*«, so schnell unser Jeep uns trug. Obwohl ich doch meiner süßen elsässischen Freundin angeberisch versichert hatte: »*Da wo wir stehen, da gehen wir nicht mehr weg.*«

Mein Job im »*IPW-Team*« (*Interrogation of Prisoners of War*) hatte mir den Rang eines Technikers fünften Grades eingebracht, mit zwei Streifen am Ärmel, was ungefähr einem Korporal entsprach. Weiter habe ich es nie gebracht, entgegen den Angaben in verschiedenen elektronischen Medien. Und jetzt waren wir also auf der Flucht vor dem letzten deutschen Generalangriff, der erst tief in Belgien bei Bastogne zum Stehen kam. Wo unser General McAuliffe die Aufforderung der Krauts, den Ort zu übergeben, mit dem ihnen unverständlichen Wort »*Nuts*« (also »Quatsch«) beantwortete. Im übrigen hatte die Army beim Zurückgehen alle unsere Spritdepots in die Luft gejagt. Und so war es schließlich der Brennstoffmangel, plus dem Einsatz unserer überlegenen Flugwaffe, was den Vormarsch zum Stehen brachte. Jetzt gab es auch wieder haufenweise Gefangene (»*PWs*«). Meine Aufgabe im Team, als »*unterster Mann am Totempfahl*«, bestand darin, die Eingebrachten zu sieben, bevor sie zum Verhör bei Sergeant Adler (einst Sportjournalist in Berlin) gebracht wurden. Dessen Notizen wiederum unser Master-Sergeant Binder (gebürtiger Deutschamerikaner) abtippt und nach oben weiterreicht. Alles beaufsichtigt vom Captain, der sich aber hauptberuflich um seine Beförderung kümmert. Gefangene sieben hieß, die richtigen herauszuschnüffeln, die bereit waren, vor uns auszupacken. Das erste Mal erfaßte mich Panik. Würden sie in mir den »Juden« ausmachen, die Made und Filzlaus am Volkskörper? Aber schnell habe ich kapiert, daß ich für sie nur der Sieger bin, ein Ami, der zufällig deutsch spricht. Jetzt war der Trick, sich ihnen kameradschaftlich zu nähern, sozusagen vom einen Frontschwein zum andern: »*Den Krieg haben wir ja beide nicht gewollt, Sie nicht und ich nicht. Man tut eben seine verdammte Pflicht, stimmt's?*«

Natürlich ist es kein Spaß, in Gefangenschaft zu geraten. Man ist erleichtert, aber empfindet es trotzdem als Schande, als Blamage. Also lechzt man insgeheim nach Anerkennung durch den Feind, ja nach seiner Hilfsbereitschaft. Schließlich fühlen sie sich als unsere »*ehrlichen Gegner*« (sowas wie Sozialpartner anscheinend). Da gab es z. B., unter all dem anderen Klunker, bei den Krauts auch einen

Anstecker für jeden eigenhändig erlegten Panzer. Ab drei Stück sollte es dann Heimaturlaub setzen. »*Und ich hab doch gerade meinen dritten geschafft. Könnten Sie das nicht meiner Einheit übermitteln, ihr habt doch dieses ganze fabelhafte Funkgerät?*« Er sah sich tatsächlich schon auf dem Heimweg zu Muttern. Natürlich versprechen wir alles, es ging ja um das Überleben unserer Truppe.

Die Offiziere hatten wir einstweilen aussortiert. Schon gar die SSler, mit der eintätowierten Blutgruppe in der Achselhöhle, mit ihrem »*Ehrbegriff*« und »*Führereid*«. (Manchmal wirkte da eine kameradschaftliche Zigarre des Captains Wunder, Herrenmenschen unter sich.) Natürlich ging es uns hier vorne bloß um Gefechtsstände, MG-Nester, Geschützstellungen der »*Arie*« (Artillerie), Verstärkung, Nachschub. Politische Diskussionen waren streng untersagt, das brachte uns nichts. Wollte sich einer unbedingt weltanschaulich entfalten, so bekam er ein entsprechendes Ticket um den Hals gebunden fürs Hauptquartier unserer Division oder der Armee. Wo man auf solche Stimmungsbilder scharf war, besonders die negativen. Natürlich ist kein Mensch wie der andere, jeder Fall ein Ausnahmefall (eine gute Lektion für später). Da war etwa dieser dickleibige Stabsoffizier, der sich verzweifelt weigerte, die an den Leib gepreßte Aktenmappe für uns zu öffnen. Geheimdokumente zu den drohenden Wunderwaffen? Werwölfe im Anmarsch? Ach Gott, es waren bloß die Liebesbriefe seiner Freundin. »*Und Sie verrate mich nicht, gell, wo ich doch verheiratet bin.*«

D*ienstälteste vor!*« Ein kurzes Gemurmel unter unseren PWs, da spritzen schon die ersten auf uns zu. Lauter Feldwebel und ihres Rangs bewußt. »*Na, Spieß, auch ganz* *schön lang beim Barras?*« Keine zwei Wochen, und ich habe deren Ausdrücke weg, daß es flutscht. »*Grad aus dem Osten versetzt? Nicht viel Spaß gegen die Iwans, oder? Na ja, bei uns gibt's wenigstens anständig was zu futtern. Jetzt stellen Sie mal die Leute nach Einheiten auf, aber bißchen dalli, wenn ich bitten darf!*« Eigentlich braucht er, laut Genfer Konvention, nichts weiter zu verraten als Name, Rang und das, was bei uns die »*dog tags*« heißt, die Hundenummer. Schon haben wir ihn zu uns herübergezogen, er weiß es bloß noch nicht. »*Soldbuch vorzeigen!*« In fünfzehn Minuten wird er in unserem Zelt bei Sergeant Adler an der Landkarte sitzen und voller Sachverstand »*die Bohnen ausspucken*«, alles in guter Frontkameradschaft.

Und ich? Ich lerne eine ganze neue Sprache, statt dem verachteten »Emigranto«, mit dem ich mich jahrelang zufrieden geben mußte. Jetzt kenne ich nur noch: Einsatz. Landser. Frontbegradigung. Befehlsnotstand. Himmelfahrtskommando. Unsere »*bazooka*« heißt Panzerfaust. Unsere »*frontline*« ist die HKL, die Hauptkampflinie, die es »*vorzutragen*« oder aber »*fanatisch*« zu verteidigen gilt. Allerdings nicht von dieser Volkssturmdivision, deren grauhaarige Schullehrer oder sechzehnjährige HJ-Pimpfe sich jetzt massenweise zu uns absetzen. Angeregt durch den Abwurf unseres genialen »*Passierscheins*«. Welcher, von General Eisenhower persönlich unterzeichnet, nur von »*ehrenhafter Übergabe*« redet, und mit Grünzeug eingerahmt ist wie eine Aktie. Inzwischen ist auch hier im Elsaß die Offensive der Krauts festgefahren, ihre kurzlebige Siegerlaune verblaßt. Aus der Traum.

Was fühle ich eigentlich diesen deutschen Vaterlandsverteidigern gegenüber? Schwer es auf einen Nenner zu bringen. Da ist natürlich die Urangst vor der Mordlust dieser fröhlichen Schinder, herüberlangend aus Kristallnachtschrecken, illegalen Grenzübertritten, auch ersten Gerüchten von Todeslagern. Da ist aber auch der Triumph ihrer Unterwerfung, der fast etwas Sexuelles hat. Als wären diese einst so übermächtigen Kraftkerle nun von uns zu Weibchen gemacht, und damit unsere eigene Männlichkeit bestätigt. Aber dann auch dieses Verschwiegene, Verbotene, nie zu Verratende: Ein Gefühl der Zugehörigkeit zu diesen armen Hunden in ihren stinkenden Uniformen mit Fußlappen und Gamaschen, denen es schon lang nicht mehr reicht für die einst so stattlichen Knobelbecher. Wenn auch manche von ihnen noch an kommende Wunderwaffen glauben. An die Umkehrung des Kriegsglücks ab Hitlers nahendem Geburtstag; und ähnliche Mirakel. Sie sind ja allesamt groß geworden mit Glaubensartikeln und Zaubersprüchen. Wabern in einer Märchenwelt von Trommelwirbeln, Fackelzügen, Ehrenwachen, Blutfahnen, Sondermeldungen, erhobenen Armen und aufgerissenen Mäulern ... Sehen sie in uns »*den Juden*«? Sie blicken da nicht mehr durch. War da was? Die sind doch alle abgehauen damals, oder etwa nicht, mit ihren geklauten Millionen? Und wenn schon einige draufgingen, haben nicht auch die Amis ihre Indianer umgebracht, die Spanier ihre Ketzer? Na also.

Waren sie eigentlich Nazis, diese unsere Gefangenen im Käfig? Mir schien, daß die meisten von ihnen Nazis waren in dem Sinn, wie eben ein Schwarzer sich als Schwarzer empfindet, ein Teeny als Teenager. Es war sozusagen ihr Naturzustand. Wenn wir sie einmal gegen das Verbot danach befragten, so starrten sie einen bloß verständnislos an. Was hatte der Krieg mit dem Führerkult zu tun, wo es doch nur darum ging, das Abendland gegen die Bolschewisten zu verteidigen und die Plutokraten.

»Und warum ewig auf der Diktatur herumreiten in euren Flugblättern? Einer muß führen, das wird bei Ihnen nicht viel anders sein als bei uns, stimmt's? Nur hat der gute Adolf leider eines nicht geschnallt: Geld regiert die Welt, mein Freund, und das ist eben Mangelware bei uns, die Kohle, die Moneten. Stattdessen hat er es mit dem deutschen Idealismus schaffen wollen, einer für alle, alle für einen. Aber was zählt das schon gegenüber eurer materiellen Überlegenheit? Ich werd Ihnen mal was flüstern: Zusammen hätten wir damals gehen sollen gegen den Iwan! Sie mit Ihrem Material und wir mit unserem Kämpfertum, dann hätten wir das geschafft. Aber mit dem Roosevelt war ja nicht zu reden, von wegen seiner jüdischen Mischpoche. Und dann erst mit diesem Säufer und Gangster, dem Churchill. So ist eben alles schiefgelaufen, und wir Kleinen müssen das jetzt ausbaden, hab ich recht?«

Wieder blättere ich in meinen mikroskopischen Kriegsnotizen. Wir müssen damals mindestens dreißig Kilometer zurückgegangen sein, bis hin zu dem Städtchen Bitche. Bei Bitche erleben wir einen furchtbaren Schock, als ein unerwarteter deutscher Stoßtrupp 200 unserer GIs im Schlaf überrascht und gefangennimmt (»*a real bitch!*«). Unser Team logiert einstweilen im halbzertrümmerten Schloß. Anderntags erzählt uns ein gebildeter PW, daß dieses schon in *Dichtung und Wahrheit* vorkommt – Zwischenstation eines jugendlichen Goethe auf dem Ritt zu seinem Sesenheimer Idyll.

Danach finde ich im Tagebuch das Stichwort: »*Fahrt nach Straßburg*«. Aber auch nicht mehr über diesen kleinen Abstecher, vielleicht, weil er so blamabel endete. Die Stadt war kürzlich von den Freifranzosen erobert worden, hatte sich auch in der Ardennenoffensive prächtig gehalten. Ich glaube, dank der Bravour nordafrikanischer Truppen: Algerier, Tunesier und vor allem der berühmt tapferen marokkanischen »*Goumiers*«. Straßburg, das war für mich verspäteten Gymnasiasten vorab die Stadt des jungen Goethe. Der Ort, wo die turbulente Bewegung des »*Sturm und Drang*« ausbrach, der ich mich lebenslang verpflichtet fühlte. Und nun stand ich da, ein Amerikaner, überdies den Franzosen verbündet, und sog das alles in mich ein: Die deutschen Straßentafeln, Firmenschilder, die Inschriften in gotischen Lettern auf den uralten Fachwerkhäusern. Bestieg auch das Münster, das »*krausborstige Ungeheuer*«, wo oben am Turm sich nicht bloß der junge Goethe eingekratzt hatte. Sondern kürzlich auch unsere *Army* mit ihrem Innungszeichen: »*Kilroy was here*«. Kann es sein, daß ich nachher die halbe Nacht durch diese verdunkelten Gassen lief? Es war ... wie soll man das beschreiben? Es war mir, wie das schon in Heines *Deutschland, ein Wintermärchen* stand, als wollte »*das Herz recht angenehm verbluten*«. Danach hatte ich keine rechte Lust mehr, den Heimweg per Anhalter zu »*hitchen*«. Nein, ich mußte zu Fuß zurückwandern durch diese verschneite Winterlandschaft, das war ich mir schuldig als Stürmer und Dränger.

Nur hatte ich nicht mit Skorzeny gerechnet, dem österreichischen SS-Rabauken (und Befreier von Mussolini aus seiner Bergfestung). Dieser Hallodri hatte ja die feine Idee gehabt, englischsprachige Landser in amerikanische Uniformen zu stecken und hinter unsere Linien zu schleusen, zwecks Verwirrung der Truppe. Nun pflegen amerikanische GIs nicht zu Fuß durch den Schnee zu pilgern, wenn sie einen »*hitch*« ergattern können. Und schon gar nicht dabei lauthals solche Dinge zu rezitieren wie »*Füllest wieder*

Busch und Tal still mit Nebelglanz« oder auch den Monolog der Marschallin aus dem *Rosenkavalier*. Prompt hielt auch ein amerikanischer Laster an, und der Fahrer fragte mich, ob ich nicht aufsitzen wolle. Kaum war ich eingestiegen, so faßte er nach meinem Gewehr und anschließend nach seinem drahtlosen »*walkie-talkie*«. Ich war verhaftet. Es brauchte danach Stunden, bis mich Sergeant Adler am Feldtelefon wieder herauspauken konnte.

Dann ging es auf Weihnachten zu. Die letzte Kriegsweihnacht, aber das konnte man nur hoffen. Wir hatten in irgendeiner Aktion an die vierzig deutsche Soldatinnen eingeheimst, Krankenschwestern und »*Blitzmädel*« (Funkerinnen). Und sie in einer Art Stall untergebracht, wo sie jetzt Weihnachtslieder sangen. *Stille Nacht* und *Es ist ein Ros entsprungen*. Ich schlenderte hinüber und hörte ihnen beim Singen zu, als wäre ich ein bloßer Wachposten. Dann ging ich wieder. Ich hoffe, sie haben nicht bemerkt, daß mir Tränen in den Augen standen ... Am nächsten Tag, das weiß ich noch, zog ich freiwillig mit auf Spähtrupp. Oder, wie das bei uns hieß: »*I and R*« (*Intelligence and Reconnaissance*). Eigentlich gab es keinen Grund, warum ich mich dazu melden mußte. Außer Abenteuerlust. Und diesem geheimen Wunsch, ausgerechnet hinter den deutschen Linien eine Weihnachtstanne zu ergattern. Als gäbe es nicht auch bei uns jede Menge davon. Aber wer kennt sich schon aus im menschlichen Irrgarten? Jedenfalls war so ein Spähtrupp eine knifflige Sache. Vor allem wegen dieser neuen deutschen Tretminen (wir sagten »*booby traps*«). Die in der Hauptsache aus Holz und Plastik bestanden und von den Minensuchgeräten nicht erfaßt werden konnten. Also mußten unsere Aufklärer sich platt am Erdboden voranschlängeln und die Falldrähte gegen den Sternenhimmel auszumachen suchen, ein gespenstischer Vorgang. Und besonders schnell kam man dabei auch nicht voran, so daß es schon gefährlich hell wurde, bevor wir an denen dran waren. Endlich ein deutsches Schützenloch. Um das Überlaufen zu erschweren, hatten die Krauts jetzt verordnet, daß jedes Loch mit zwei Soldaten zu besetzen war, darunter einem verläßlichen. Die beiden sahen uns nur verschlafen und belämmert an. Ich werde von den GIs nach vorne gedrängt. »*Ergebt ihr euch?*« frage ich so martialisch wie möglich. »*Ei freilich!*« antworten sie. Der eine, höchstens achtzehn, trug eine Leica um den Hals. Weswegen auch alle Aufnahmen, die ich im Krieg machte, erst von diesem Zeitpunkt her datieren.

Kurz darauf wurde ich vorübergehend zu einer Kavallerieeinheit versetzt. Sie kam aus Texas, war aber natürlich nicht mit Mustangs ausgerüstet, sondern einer Unmenge von Vehikeln. Ich übernachtete in einem »*pup tent*«, also einem Einmannzelt, aufgeschlagen mitten auf dem verschneiten Waldboden. Die Texaner liebten Patrouillengänge. Nicht so sehr, um Gefangene oder Informationen heimzubringen, als warmes Fressen aus deutschen Gulaschkanonen (wir selbst lebten von der verhaßten kalten C-Ration). Auch das uns unbekannte Knäckebrot ist ein begehrter Artikel. Einmal bringen sie eine Kartentasche mit, aus der Unterkunft des uns gegenüber gelagerten Leutnants (er selbst entkam). Darin finde ich nicht nur unsere Stellungen säuberlich eingezeichnet, sondern auch allerhand Briefe und Fotos seiner Freundinnen. Eine meiner Aufgaben ist die Lautsprecherberieselung des Gegners. Und so tönt es denn bald aus meinem Megaphon, mit unserer üblichen neckischen Anrede: »*Kameraden von der anderen Feldpostnummer! Während ihr und wir uns hier den Arsch abfrieren, hat euer Leutnant in seinem warmen Unterstand nichts Besseres zu tun, als seine vielen Freundinnen anzumachen. Darunter insbesondere Fräulein Soundso und Fräulein Soundso …*« Ich gab Namen und Adressen bekannt, auch Anzügliches aus den Briefen. Eine meiner reifsten Leistungen. Und ein Bombenerfolg, wie ich nachher von den Überläufern erfuhr.

Dann gehen wir wieder zum Vormarsch über, ich komme zu meinen Donnervögeln zurück. Unsere Hauptsorge ist jetzt, ob wie vermutet die »*zwote PD*«, also die gefürchtete zweite deutsche Panzerdivision, von Norwegen herunter auf uns zukommt. Wir schnappen einen Oberleutnant, der so aussieht, als ob er informiert wäre. Aber der Mann schweigt. Er schweigt auch, als wir, was selten vorkommt, ihn wütend in die eisige Jauchegrube vor unserem Bauernhof kommandieren. Am Ende lassen wir ihn laufen, und später bringe ich ihm insgeheim eine Decke. Er murmelt seinen Dank: »*Und ich weiß wirklich nichts von einer herankommenden PD. Ich war ja gerade ein Jahr lang im Lazarett mit Halsschuß. Übrigens bin ich von Haus aus Theologe. Und vom Alten Testament versteh ich wahrscheinlich soviel wie Sie. Sie sind doch Emigrant, oder? Dachte ich mir schon. Nu, er hat eben gewonnen, Ihr alter Jahwe. Wir gratulieren.*« Der Mann war übrigens der einzige unter Tausenden, dessen Namen ich mir gemerkt habe. Er hieß Riedesel.

Und noch etwas anderes stieg mir jetzt auf: Daß ich aus irgendeinem Grund fähig war, bei fremden Menschen Vertrauen zu erwecken. Indem ich mich nämlich, vielleicht mit dem weiblicheren Teil meiner Natur, ihren Besonderheiten, ihren Interessen, ja Ausdrucksweisen anzupassen wußte. Ich wurde zu einem, der sie »verstand«. Eine Gabe, die mir später noch zustatten kommen würde. Ohne es zu ahnen, war ich hier, trotz meiner entsetzlichen Weltfremdheit, zum Gesprächspartner geworden, zum Interviewer.

Anfang März stehen unsere Donnervögel, wenn auch nach schweren Verlusten, wieder da, wo wir schon einmal standen. Und am fünfzehnten durchbrechen wir, laut meinem Tagebuch, bei Blieskastel den Westwall! Millionen Tonnen Beton und Stacheldraht, unzählige Arbeitsstunden, und wofür? Es ist ein Herr Bärli, wenn ich mich recht erinnere, der uns den Weg durch die Festungsanlagen zeigt: »*Wär' doch schad um die scheene Bauwerke.*« Wir bedanken uns mit Zigaretten. Nur: irgendwie bin ich auch enttäuscht von der willfährigen Unterwerfungssucht dieser Leute.

Aber was haben wir erwartet? Später, in der gefilmten Emigranten-Trilogie *Wohin und zurück* aus den achtziger Jahren (Regie Axel Corti) werde ich meinen Sergeanten Adler fragen lassen: »*Was hast du erwartet? Daß sie in Sack und Asche auf den Kirchenstufen beten?*« Nun ja, etwas dergleichen hatte man sich schon ausgemalt. Sowas wie Reue und Ehrgefühl zusammen. Schließlich wollten wir nicht gegen feige Hunde gekämpft haben, wo bliebe da unser Stolz?

Am 26. März 1945 setzen wir bei Worms über den Rhein. Ich weiß nicht mehr genau, was ich mir erhofft hatte von dem sagenhaften Gewässer, jedenfalls nicht dieses fade, platte Ufer. Eher etwas wie die vereiste, zerklüftete Steilküste, wo der grimme Hagen den Schatz in den Strom versenkt. Wie in Fritz Langs *Nibelungen*-Film zu sehen, dem stärksten bildhaften Eindruck meiner Kindheit. Unser

Team hatte irgendwo im Ort Quartier bezogen, aber ich konnte nicht schlafen. Nicht bevor ich den Strom gesehen hatte und vielleicht den Schatz heraufglitzern. Und da stand ich denn, voller überalterter Vorstellungen und ohne Gedanken an die Krauts, die immerhin noch das östliche Ufer besetzt hielten. Bis auf einmal dieser Schuß dicht neben mir knallend in die Böschung einfunkt wie ein kleiner Blitz. Wie kann das sein, wo ich doch gar nicht als Krieger hier stehe, bloß ein Schlachtenbummler am Sehnsuchtsfenster? Jedenfalls mache ich umgehend kehrt und galoppiere davon, auf der ewigen Suche des Feldsoldaten nach Deckung. Und laufe dabei stracks einem Colonel in die Arme mit dem silbernen Adler am Helm. »*Stopp, Soldat – Fahnenflucht vor dem Feind?*« Aber schon kommt ihm die Erleuchtung: »*Ach so, du bist der Melder von der Charlie-Company? Dann sag denen da hinten, ich brauche Verstärkung, aber dringend!*« Am nächsten Morgen photographiere ich schon gefahrlos unsere Kähne am Rheinufer. Und verblüffend schnell ist auch eine Pontonbrücke parat, über die unser Jeep nach Deutschland hineinrollt.

Wenige Tage später verzeichnet mein Tagebuch bereits unsere Eroberung von Aschaffenburg. Oder »*Ascheburg*«, wie es die Einwohner nach unserem vernichtenden Artilleriebeschuß nennen würden. Überall Trümmer, Mauerreste, verzweifelte Bürger, die mit Taschentüchern winken, oder auch unseren Flugblättern. Diese sind übrigens mit der Zeit viel subtiler geworden auf beiden Seiten. Eine wahre Schule der Psychologie, nicht zu sagen Werbetechnik. Meister dieser Propaganda ist drüben der unverwüstliche Goebbels, auf westlicher Seite der Brite Sefton Delmer. Nicht nur hat Goebbels den »*Werwolf*« erfunden und die »*Alpenfestung*«. Deren Widerstand uns zuletzt noch zum

Aufgeben bringen soll (aber nie wirklich existierte). Sondern da gab es auch den *Skorpion.* Eine angebliche Landserzeitung und dito Flugblätter, die stracks behaupteten, von einer Gruppe Unteroffiziere an der Front herausgegeben zu sein, da ja nun die Führung in Berlin leider versagt habe. Sie aber würden den Kameraden reinen Wein einschenken. Nämlich, daß tatsächlich das Reich im Eimer sei, wenn man jetzt nicht bloß noch einen mickrigen Monat durchhalte. Weil dann die neuen Wunderwaffen einsatzbereit wären, und damit der Endsieg gesichert. Ein gefährlicher Schachzug, nur von Verzweifelten zu wagen. Woran sollten die Soldaten jetzt noch glauben? Um das Maß voll zu machen, wurde der *Skorpion* ab der vierten Nummer von uns selber herausgebracht und nachts per Flugzeug abgesetzt! Alles in der gleichen Aufmachung und in demselben kumpeligen Ton gehalten, nur jetzt mit unserer eigenen Propaganda durchsetzt. Worauf Goebbels seinen letzten großen Taschenspielertrick abblasen mußte.

Im zerstörten Aschaffenburg halten wir dann eine Parade ab. Auf einer von unseren Raupenschleppern eingeebneten Schuttlage, die etwa drei Meter über dem Straßenpflaster liegen muß. Später hat man behauptet, diese Zerstörung der deutschen Städte hätte nichts zum Sieg der Alliierten beigetragen. Ich glaube das nicht. Ich bin überzeugt, die deutschen Soldaten nahmen ihre Widerstandskraft auch daher, daß man ihnen eine intakte Heimat vorspiegelte, die es zu verteidigen galt. Aber wenn diese gar nicht mehr existierte? Und letzten Endes ließ sich das vor der Truppe nicht verheimlichen. Glücklich machte uns diese Vernichtung einer ganzen Kultur natürlich auch nicht, am wenigsten die Emigranten. Dann sind wir in Nürnberg, der »*Stadt der Reichsparteitage*«, wo unsere GIs die Hakenkreuze vom Zeppelinfeld sprengen. Ich denke, es war fast das erste Mal, daß sie überhaupt etwas von dem faulen Zauber mitbekamen, gegen den sie doch jahrelang gekämpft hatten. Nun war diese ganze Szenerie mausetot. Wo war das nur geblieben? Die Aufmärsche, die Standarten mit »*Deutschland erwache*«, die Lichtdome? Und die in Verzückung ausgefahrenen Männerarme, die Frauen im Sexualrausch? Stattdessen überall diese weißen Bettlaken in den Fenstern, die kniefreien Knirpse mit ihrem Ruf nach »*tschumgum*« am Straßenrand, die Bewunderung für unser Material. Hatten sie nicht alle einen Vetter/Onkel/Schwager in Amerika? Nicht unter Lebensgefahr Auslandssender gehört ... Fremdarbeiter bei sich versteckt ... arme Juden gerettet? (So viele jüdische Großmütter wie sie konnten nicht einmal wir vorweisen.) Und immer wieder dieselben Phrasen: »*Was habt ihr eigentlich gegen uns? Wir haben euch doch nichts getan.*« Oder: »*Wir arischen Völker gehören doch zusammen.« Oder: »Warum seid ihr nicht eher gekommen, wir haben doch auf euch gewartet?*« Von wegen.

Jetzt rollen wir im Eiltempo nach Süden, ins schöne Bayernland hinein. Angenehm glatt auf »Hitlers Straßen«, während im grünen Mittelstreifen ganze Kolonnen von Flüchtlingen unserem Hinterland zustreben. Heimkehrer, Deserteure, französische Kriegsgefangene, russische, polnische, ukrainische Zwangsarbeiter, gestreifte KZ-niks, die uns ihre Unterarme mit den tätowierten Nummern entgegenhalten. Einmal ein ganzer ungarischer Reiterzug, wie aus einem anderen Krieg. Und ringsum immer diese niedlichen weißen Kirchlein mit ihren Zwiebeltürmen. Längst schon haben wir kaum PWs mehr, da ja das ganze Terrain zu einem einzigen Kriegsgefangenenlager geworden ist. Plötzlich fängt Adler neben mir mit seinem schönen Tenor an zu singen, ich falle ein, zuletzt Binder. Und triumphierend schmettern wir es in die Gegend hinaus, das Leiblied der »IPW«: »*Wir werden weitermarschieren, wenn alles in Scherben fällt. Denn heute gehört uns Deutschland, und morgen* ...« Die Bauern starren uns verblüfft an, einige heben automatisch den Arm, wahrscheinlich sehen sie in uns den langverheißenen deutschen Vorstoß. Dann ein Halt, um aus unseren »*jerrycans*« Benzin in den Jeep zu füllen. Von irgendwoher steigt Rauch auf. Kein Einschlag, sondern nur etliche Dörfer, die ein Autodafé veranstalten. Sie verbrennen ihre Hakenkreuzfahnen, Uniformstücke, Parteiabzeichen, Führerbilder, Ehrendolche. Die GIs stürzen hin, und panisch strecken die Leute ihre Arme in die Luft. Jetzt geht es ihnen an den Kragen, denken sie, noch im letzten Moment. Aber es ist nur unsere *Army* auf Souvenirjagd, Militariahändler von morgen.

Danach trifft unvermutet eine amerikanische Filmcrew ein, in einem feinen »*command car*«. Da hinten gäbe es noch ein Widerstandsnest der Nazis. Jemand, der deutsch spricht, soll sie zur Übergabe auffordern. Ich werde hingefahren und brülle aus vollem Hals: »*Kommt heraus, ihr Scheißkerle*« oder so ähnlich. Und muß es prompt wiederholen, diesmal »*mit mehr Ausdruck, bitte*«. Endlich wankt ein verhutzeltes Weiblein heraus, mehr sind da nicht, die Krauts längst abgehauen. Hierauf erscheint eine bessere Dame, der ein betrunkener GI ihren Wintermantel als Beutegut aus der Hand reißen will. Was ungewöhnlich ist, denn sonst geht es bei uns nur um »*Schnapps oder Fraulein!*« Ich gebe der Frau ihr Zeug zurück und werde dabei gefilmt. Zwei Wochen später schickt mir Vater, der die Szene in der Wochenschau gesehen und um eine Kopie gebeten hat, aus New York das entsprechende Standfoto. Auf der Rückseite steht: »*Armer Junge, so abgemagert und unrasiert.*« Vor allem letzteres scheint ihm nahegegangen zu sein, dem alten Pascha.

Wir überqueren die Donau, in einer Art schwimmendem Lastwagen. Immer wieder bin ich betroffen, wie primitiv unser Maschinenpark wirkt, verglichen mit dem deutschen Präzisionsgerät. So müssen unsere Panzerfahrer ihre viel zu dünnhäutigen Gefährte mit Sandsäcken ausstopfen und behängen, um sich halbwegs sicher zu fühlen vor den Tigern und Panthern. Allerdings ist unsere Massenware solide, und außerdem haben wir mehr davon als die da drüben. Und jetzt auch mehr Soldaten. Denn zu Tausenden trudeln nun die Überläufer bei uns ein, ja zur Not rudern sie sich eigenhändig über die Flüsse.

Ende April rumpeln wir von Norden her in das nächtliche München ein, unsere erste Großstadt. Rundum wie Filmkulissen diese Mauern mit den leeren Augenhöhlen der Fenster. Manchmal klebt noch ein ganz wohnlich ausgestattetes Zimmerchen obendran. Auf der Straße geplatzte Kanalisationsrohre, Bombentrichter, Tümpel, ausgebrannte Tramwagen wie Tierskelette. Auch aufgeblähte Pferdekadaver, an denen gekrümmte Gestalten herumsäbeln. Adler befragt eine Frau nach dem Rathausplatz oder Marienplatz oder wie das heißt. »*Aber ihr sprecht ja fast perfekt deutsch!*«, ruft sie entgeistert hinter uns her. Überall Plakate mit Durchhalteparolen wie: »*Räder müssen rollen für den Sieg*«, »*Feind hört mit*«, oder »*Nur die Front, nicht du*«. Endlich der stockfinstere Marienplatz. Durchwachsen von lauter abgestürzten elektrischen Leitungen. Was uns im offenen Wagen glatt die Gurgel durchschneiden kann, wenn man nicht aufpaßt. Links das kleine Gäßchen zum Dom ist bis zum ersten Stockwerk mit Schutt angefüllt wie ein Sandkasten. Eilig suchen wir ein Quartier. Nach einigem Herumschnüffeln findet Jerry Rosner, unser neues fünftes Rad am Wagen, einen Luftschutzkeller, sogar mit Matratzen. Jerry, Sohn polnisch-jüdischer Eltern, ist übrigens der einzige unter uns, dem in diesem zerdepperten Deutschland keinerlei Heimatgefühle hochkommen: »*Ich nix dajtsch!*« Dafür ist er fabelhaft im Organisieren. Schon am nächsten Tag hat er in dem Vorort Bogenhausen eine Wohnung für uns requiriert, indem er einfach die Bewohner ausbootet. Für ihn sind eben alle Deutschen Nazis. (Zur Strafe wird er sich bald darauf unsterblich in ein deutsches Mädchen verlieben. Sie aber nie heiraten dürfen, weil seine Familie dagegen ist.)

Wohin geht man in München als erstes? Natürlich zur »Führerwohnung« am Prinzregentenplatz. Zweiter Stock mit Balkon, wenn ich mich recht erinnere. In den holzgetäfelten Regalen wie erwartet der gesamte Karl May. Eine Schreibtischlade ergibt das Manuskript seiner Verteidigungsrede nach dem Putsch an der Feldherrnhalle. Dazu ein Blatt, auf dem die volle Naziriege der Zeit, einschließlich Göring, Goebbels und Himmler, ihm aus Anlaß des Röhm-Massakers ihre unerschütterliche Treue versichert: »*In dieser schweren Stunde* ...« Schließlich eine Ansichtskarte mit aufgeklebtem Veilchensträußchen, darin ihm eine Schülerin ihre Anhänglichkeit kundtut. Von einem Stapel »*Führerpapier*« nehme ich dann ein Blatt und schreibe darauf nach Hause, füge auch einiges von der eroberten Nazibeute bei. Der Brief wird in unserer Emigrantenzeitung *Aufbau* abgedruckt. Den übrigen Kram hat Vater beim Versatzamt für 25 Dollar verscherbelt, um das »*Teufelszeug*« nicht im Haus zu haben.

Am folgenden Tag zu Eva Brauns Privatwohnung, längst von den GIs geplündert. Im geknackten Panzerschrank nichts weiter zu finden als ein Luxusexemplar von Morgensterns *Galgenliedern*. Vielleicht ihr vom »Führer« geschenkt? Dem man allerdings so viel Humor kaum zutraut. Am selben Abend, es ist der 30. April, hören wir im Radio, Hitler sei »*im Kampf um die Reichskanzlei den Heldentod gestorben.*« Einen Tag, nachdem auch Mussolini mit seiner Geliebten erschossen und an den Füßen aufgehängt wurde.

Dann, am 1. Mai, fahren wir hinaus nach Dachau. Ich hatte viele Kriegstote gesehen, aber das war etwas anderes. Diese halbnackten verkrümmten Skelette in gestreifter Kleidung. Diese Totenschädel, mit gelber Haut überzogen. Die aufgerissenen Augen. Die nackten Leichenhaufen, aufeinandergetürmt wie Sperrmüll. Etwas abseits ein ganzer offener Güterzug voller solcher verschrumpelten Knochenmännchen, schon kaum mehr als Menschen auszumachen. Wie es scheint, hat man sie aus irgendwelchen anderen Lagern wochenlang hierher gekarrt ohne Nahrung, ohne Wasser. Einige der Leichen sind irgendwie angezapft, als hätten sie sich gegenseitig das Blut abgesaugt. Zuerst halte ich das alles für Kunstfiguren, Attrappen aus dem Fundus irgendeines Teufelstheaters. Und hier zur Ansicht verstreut, um für unsere Wochenschau das KZ zu möblieren. Aber nein, es sind »*meine Leut*«. Nur daß auch ein SS-Bewacher in Uniform da liegt mit offener Hose, dem man anscheinend bei der Befreiung den Schwanz weggeschnitten hat. Ansonsten sind alle Lebenden schon geflohen oder abtransportiert.

Ich photographiere wie verrückt, Figur um Figur. Natürlich um das alles festzuhalten als Zeuge. Aber auch – erst viel später, im Beruf, wurde es mir verständlich – weil Abbilden nicht nur ein In-sich-Aufnehmen bedeutet (man sagt ja auch: die Aufnahme). Sondern ebenfalls ein Von-sich-Wegstoßen. Ins Reproduzierte, ins Abstrakte, ins Objekt. Manchmal auch – unsere ewige Ausrede – in die Kunst. Jedenfalls eine Befreiung von lästiger Ununterscheidbarkeit, vom »*das bist du*«.

Hier noch einige Notizen, am gleichen Abend niedergeschrieben: Nämlich, daß solch Ort ja doch die heimliche Hauptstadt gewesen sein mußte dieses ganzen deutschen Todeskultes. Das Mekka, vor dem sie sich alle verbeugten, auch wenn sie bloß meinten, es ginge um Lebensraum oder Autobahnen. Aber erst in jüngster Zeit, bei einem Dreh in Auschwitz, begriff ich den Rest: Daß letzten Endes in diesen Lagern der wahre Mythos des Jahrhunderts zelebriert worden war, der da lautet: Was machbar ist, muß auch gemacht werden.

Nachher, als wir uns schon von Dachau verabschieden wollen, geschieht etwas Merkwürdiges. Es werden nämlich, ich weiß nicht auf wessen Befehl, ganze Busladungen von Zivilisten herangebracht. Die jetzt stumm verstört vor den Leichenhaufen herumstehen, und ihr komplettes Überraschtsein kundtun. Manche wenden sich angeekelt ab, andere zücken die Schnupftücher gegen den Gestank. Nein, davon hatten sie bestimmt nichts gewußt. Und gewiß auch nicht ihr »Führer«, der leider nicht immer gut beraten war. Eine Frau, kommt empört auf mich zu: »*Das hättet ihr uns auch nicht antun brauchen!*« Da plötzlich springt einer unserer Soldaten hoch, baut sich gestikulierend vor den Leuten auf und schreit mit gellender Stimme: »*Hitler kaputt! Hitler kaputt!*«,

Entsetzen und Triumphgeheul in einem. Es war auch das erste Mal, daß ich so etwas wie Begreifen in den Gesichtern der GIs sah. Jetzt erst verstanden sie, wogegen man eigentlich gekämpft hatte die ganzen Jahre. Nicht so sehr die »*Jerries*« oder die »*Tschermans*«. Sondern diese stinkende Kloake, die mit ihrem Unrat die ganze Welt überschwemmen wollte, und der es auch fast gelungen war ... Anderntags las man, quer über das Siegestor, mit weißer Farbe hingemalt: »*Dachau, Buchenwald, Mauthausen – ich schäme mich ein Deutscher zu sein.*« Tags darauf stand daneben: »*Bach, Beethoven, Brahms – ich bin stolz, Deutscher zu sein*«, so als wären die alle in der Partei gewesen. Nein, es würde nicht leicht werden, diese Bevölkerung »umzuerziehen«, wie doch jetzt unser Auftrag lautete.

Dann, am 8. Mai, war der Krieg endlich für uns zu Ende. Wir jubelten. An eine besondere Feierlichkeit, oder auch Trauer, auf der Straße kann ich mich allerdings nicht erinnern. Die Leute standen vor den Plakatsäulen und studierten stumm die neuen Verordnungen. Es war eben der »*Zusammenbruch*«. Das Wort »*Befreiung*« habe ich damals nie gehört. Nur wir GIs fühlten uns befreit. Allerdings bestand immer noch die Gefahr, daß man jetzt in den Pazifik verfrachtet wurde gegen die »*Japs*«, die noch lange nicht fertig waren. Unser Vernehmungsteam zerstreut sich, jeder auf der Suche nach dem ihm entsprechenden Job in der neuen Militärregierung. Denn demobilisiert wurde man ja erst mit achtzig Punkten. Wobei die Anzahl der Feldzüge, Verwundungen, Auszeichnungen eine entscheidende Rolle spielte. Ich aber kam erst auf lumpige 31 Punkte. Und so gelangte ich zu »Radio München«, dem nachmaligen *Bayerischen Rundfunk*. Ich wurde Reporter, als Vorstufe zum Journalismus, aber das ist eine andere Geschichte.

Unsere Löhnung erhielten wir jetzt in Besatzungsgeld. Lauter briefmarkengroße grüne Scheine, mit denen die deutsche Volkswirtschaft ausgeplündert wurde. Ganz wie dermaleinst die deutschen Besatzer die Franzosen ausgeplündert hatten. Wollte ich extra feine Sachen kaufen (ich kaufte vor allem antiquarische Bücher), so verscherbelte ich eben meine Zigaretten, zu 100 Mark das Paket. Und natürlich hatte ich ein »Fräulein« mit Lebensmitteln zu versorgen, das sich zu meiner Überraschung als meine erste große Passion herausstellte. Ihr Stiefvater war Hauptmann gewesen, irgendwo weit hinten in der Etappe. Ein gemütlicher Bayer, ein »*Partikularist*«, der nie Nazi geworden war, da zu anstrengend. Ob ich nicht einmal zum Spaß seine Uniform überziehen wolle? Sie saß mir fast wie angegossen, ich salutierte gelassen meinem Spiegelbild, der ewige Ausprobierer meiner selbst.

Unser Rundfunkchef, Captain Horine, hatte mich schnell durchschaut. Und setzte mich als gelernten Wiener auf Stimmungsberichte aus der Bevölkerung an. Aber was war die Stimmung? Sie fühlten sich zumeist im Gruppenverschiß, ungerecht behandelt von unserer »Siegerjustiz«. Schließlich hatten sie doch schon genug gelitten in den Bombennächten, was wollten wir noch mehr? Waren sie etwa schuld an diesem ganzen Flüchtlingsstrom aus den verlorenen Gebieten? (Flugplätze umpflügen, das war die einzige Lösung, die ihnen dazu einfiel.) Und da gab es, viel schlimmer, diese Rationierung. Nie mußte man unterm Adolf so Hunger leiden wie jetzt. Was irgendwie uns zuzuschreiben war, also dem berüchtigten *»jüdischen Morgenthau-Racheplan«* (der in Wirklichkeit nie zur Anwendung kam). Vergessen, daß man schließlich die ganzen Jahre hindurch von dänischer Butter gelebt hatte, von ukrainischem Weizen, von französischem Textil und Fleisch. Nun war das auf einmal aus. Die Rationen sanken, man mußte im überfüllten Zug auf Hamsterfahrt zu den habsüchtigen Bauern. Auch ging man auf den Schwarzen Markt. Und einige der Händler dieses Marktes waren unvermeidlich Juden. Waren aus den Lagern befreite Juden, die keiner wollte. Schon gar nicht das Herkunftsland der meisten, ein jetzt von den Sowjets besetztes Polen. (Wo ja auch schon, in der Stadt Kielce, das erste Nachkriegspogrom stattfinden würde.) Allerdings ist das Wort Juden jetzt verpönt. Man spricht von »Überlebenden aus den Lagern« und tut so, als hätten praktisch alle überlebt. Oder man sprach von »*DPs*« (*displaced persons*), also unerwünschten Ausländern, obschon ja die meisten von denen keine Juden waren, sondern sonstige Zwangsarbeiter. Das ärgste Schmähwort jedoch hieß: »*Emigranten*«. Wir waren »*schimpflich Geflohene*«, wie Maestro Furtwängler uns definierte. Wir waren diejenigen, die ihr Land im Stich gelassen hatten, als es um die Wurst ging. Nur um draußen in »*südfranzösischen Badeorten*« (Gottfried Benn) mit ihren gestohlenen Millionen zu schlemmen. Schon entstand der Streit um die sogenannte »Innere Emigration« – jene Dichter und sonstigen Kulturträger, die daheim geblieben waren um »*Schlimmeres zu verhüten*«. (Obwohl ja nicht ersichtlich war, was sie eigentlich verhütet hatten.) Während die bloßen »*Wortartisten*«, wie etwa Thomas Mann, sich im Ausland gütlich taten.

Natürlich verstehe ich die Trauer, die in der Luft liegt. Um Gefallene, Vermißte, Verkrüppelte. Auch um die verlorenen Häuser und Wohnungen. Und um das Geld, das man in Kriegsanleihen gesteckt hatte. Und doch, warum sind die Menschen nicht optimistischer, jetzt wo das große Schlachten zu Ende ist und sie überlebt haben. Stattdessen dieses sture Übelnehmen, dieses muffige Beleidigtsein. Abends versuche ich, bei dauernd unterbrochener Stromzufuhr, meine Gefühle zu diesem Volk niederzulegen. Was ist es, das mich letztlich so unbefriedigt, so ungestillt läßt? Mir scheint, das, was Hitler mit Stumpf und Stiel ausgerottet hatte, das war auch das einzige, weswegen man die Deutschen je auf der Welt zu lieben vermochte. Nämlich die Herzenstöne, die Naivität, das romantische Gemüt. Und nun? Anstatt der erhofften Innerlichkeit waren solche Entlastungssprüche angesagt wie: Die Juden? »*Furchtbar, furchtbar. Wenn ich auch persönlich* ...« – Die Kriegsschuld? »*Gott, sagen wir fifty-fifty. Oder meinen Sie im Ernst, die Herren Churchill und Roosevelt* ...« – Der Adolf? »*Was wollen Sie, eben ein typischer Eesterreicher, eine Importe.*« Andererseits mag man hierorts auch »*die Preißen*« nicht, die zweifelsohne das ganze Schlamassel ausgelöst haben. Man liebt überhaupt niemanden, so kommt es mir vor, in dieser Stunde Null. Und am wenigsten sich selber. Dafür trieft alles von Selbstmitleid. Es scheint fast, als schwelgten die Leute in ihrer Agonie, einer Art Untergangsrausch. Jene Götterdämmerung, die ja auch die letzte Wagneroper war, die Hitler je besuchte. Und auf welche er vielleicht insgeheim zugesteuert hatte sein Leben lang. Die Gedichte, die jetzt in den raren Zeitschriften erscheinen, laufen unter dem Generalnenner »*Trümmerpoesie*«. In den neueröffneten Theatern spielt man Thornton Wilders *Kleine Stadt*, die ja im Totenreich angesiedelt ist. Danach *Das Begräbnis unter dem Triumphbogen.* Danach einen schaurigen *Macbeth*. Wie viele Jahre wird es dauern, bis diese Menschen wieder an etwas glauben?

Immer habe ich mir vorgestellt, wie es wäre, einen Bekannten von vorher zu treffen? Vielleicht gar einen Mitschüler? Dann bin ich zur Reportage in einem Lazarett nicht weit von der Frauenkirche. Hier werden Nasen, Ohren und Münder wieder angeflickt, indem man sie mit einem gesunden Arm zusammennäht, dessen Haut in das Fehlende hineinwächst. Und da ist auf einmal Wehrle, unser bester Lateiner. Der Wehrle, dem jetzt die halbe Kopfhaut fehlt. Er will Förster werden: »*Menschen vertrage ich nicht mehr.*« »*Willst du dich nicht mal mit mir aussprechen?*« »*Es gibt keine Worte.*« Ich frage ihn, warum er eigentlich damals zu den Nazis überlief, zusammen mit der ganzen übrigen Klasse? Und von der jetzt bestimmt die Hälfte tot ist. »*Es war der Erlösungsgedanke.*« »*Erlöst wovon?*«, frage ich. »*Ach, ich weiß nicht. Von der Gemeinheit, der Sinnlosigkeit dieser ganzen modernen Existenz wahrscheinlich. Man dachte, die Nazis haben da was.*« Zum Abschied weist er auf die eine weggebombte Turmspitze der Frauenkirche. »*Kannst du nicht veranlassen, daß man da wenigstens irgendeine Hülle drüberzieht, bevor das ganze Kirchenschiff hopsgeht?*« In meiner nächsten Sendung weise ich tatsächlich darauf hin, und es wird prompt eine Holzverschalung angebracht. Nicht daß mir je irgend jemand dafür danken wird.

Was unsere Besatzer betrifft, so fühlen sie sich sauwohl in ihrer »*Zone*«. Die Einheimischen sind verbindlich bis devot, sie radebrechen zumeist etwas englisch, und für ein paar Kippen sind sie für alles zu haben. Im übrigen wird, entgegen der Vorschrift, fraternisiert was das Zeug hält. Vor allem mit den »*Frauleins*«. Diese sind blond, hübsch und lebenshungrig. Speziell wenn ein GI mit seiner großen Papiertüte im Arm aus dem »*PX*« (*post exchange*) auftaucht, unserem wohlversorgten Einkaufsmarkt. Klappt es einmal nicht, so können diese hochsexualisierten Soldaten aber auch ganz schön zudringlich werden. Einmal stürzen die zwei Haustöchter der Erdgeschoßwohnung angstvoll zu mir herein. Ein paar schwer betrunkene Soldaten, messerbewaffnet, wären hinter ihnen her, es ginge um Leben und Ehre. Ich, gestandener Kavalier, zücke meine eroberte Lugerpistole. Und, als es von draußen gegen meine Wohnung donnert, schieße ich tatsächlich durch die Tür, gottlob daneben. Denn schon am folgenden Morgen sehe ich meine zwei Damen, im Fenster sitzend, mit herausbaumelnden Beinen, um Kontakte bemüht.

Nein, als Besatzer bin ich kaum zu gebrauchen, auch nicht als Umerzieher. Was gehen mich diese zu Recht Besiegten überhaupt an? Und doch, will ich nicht gerade von ihnen anerkannt, ja geliebt werden? Mehr als von den Franzosen, mehr sogar als von den Amis, deren Uniform ich trage und die mir ihre Bürgerpapiere verliehen haben. Ausgerechnet von diesen heruntergekommenen Deutschen möchte ich gemocht werden, warum eigentlich? Erst nach reichlich vielen Jahren werde ich die Motivation dazu, den unbewußten Antrieb in mir entdecken, der mein ganzes weiteres Berufsleben mitbestimmen sollte: So beliebt zu werden, daß die Leute, wenn sie meine lang verheimlichte Herkunft erfahren, gar nicht mehr herauskönnen ... Nur liegt das alles noch in weiter Ferne.

Inzwischen ist mir immer, als ob ich etwas suche. Oder erwarte. Sowas wie einen Ruf. Den Anruf einer verflossenen, verspielten, nie wieder aufzuerstehenden Heimat? Die mich auffordert, daß ich ihr wieder zugehörig sei, mich zu ihr bekenne, trotz allem? Darf ich das? Ich habe noch immer keine Antwort darauf, als ich Monate später, auf der Schulter meinen Seesack voll deutscher Bücher, den Truppentransport besteige, der mich nach Amerika zurückbringt.

Troller auf dem Highway 66

TRAMPER, HOBOS, DRIFTER

Seligman, Arizona. Ein Nest an dem berühmten *Highway 66*, der einen zu dieser Zeit vom Seendistrik der Vereinigten Staaten bis hin zum ersehnten Pazifik forttrug. Und Inbegriff des unaufhaltsamen Drangs nach Westen, dem produktivsten Mythos, den Amerika je hervorbrachte.

Aber wer zum Teufel war Seligman? Wahrscheinlich nicht einmal ein geborener Amerikaner. Sondern irgendein armer Nebbich wie ich, der sich hier im sonnigen Arizona zur Ruhe setzte. Jedenfalls kein Vorfahr der schlaksigen, knochigen Typen, die diesen Landstrich ansonsten bevölkerten. Und die jetzt seit geschlagenen drei Stunden mit ihren Straßenkreuzern, Pick-ups und schweren Lastern an mir vorbeidonnern, ohne den verhungerten Tramper auch nur wahrzunehmen. Und das, obwohl ich ja, erst vor kurzem entlassen, ostentativ meine Armeejacke trage. Darauf am linken Ärmel der *shoulder-patch*, das Wahrzeichen unserer 45. Infanteriedivision: ein goldener indianischer *Thunderbird* (»Donnervogel«) im roten Feld. Aber was galt das schon nach beendetem Krieg? Dafür war ich bereits mehrfach von Streifenwagen der Polizei gewarnt worden, mich dünne zu machen und hier nicht die Landschaft zu verschandeln. Und einmal sogar mit der anzüglichen Frage: »*Are you Anglo or are you Mex?*« Wer Mex war, also südlich vom Rio Grande geboren, der galt eben an und für sich als verdächtig. Andererseits, mit welchem Recht konnte ich mich angelsächsisch nennen? Also eine Neuauflage der guten alten Quizfrage, die mich lebenslang umtreiben sollte: wer man nun eigentlich war.

Aber gerade in diesem Moment kreischt neben mir ein gewaltiger *Macktruck* wenn nicht zum Stillstand, so doch zu gebremster Fahrt. »*Hop in*«, knurrt der Fahrer mir zu, also so was wie *Hops rein*. Ich fasse meinen verschnürten Pappkoffer, darin die Reserveklamotten und, mein höchstes Gut, die im Krieg eroberte Leica. »*Halten Sie denn nicht an?*« Er grinst: »*Hopst du oder hopst du nicht?*« Also hopse ich, wobei ich mir natürlich die Knie blutig schramme. Er grinst: »*Man sieht, du hast nie einen fahrenden Zug geentert.*« »*Und Sie?*« »*Noch bevor du geboren warst, Küken.*« Ich schätze ihn auf etwa fünfzig. Ein hartgesottener Kerl mit Boxerkinn, am Hals diese fette rote Narbe. Er bemerkt meinen Blick. »*Gefällt dir meine Fresse?*« »*Nicht besonders. Wie kommen Sie zu der Trophäe?*« »*Als ›Hundesoldat‹, genau wie du. Als lausiger Infante-*

rist. Schließlich konnte ich nicht zur Air Force gehen, wie meine zwei Jungs. Obwohl, Fliegen hätte ich schon ganz gern gelernt. Aber am Ende wäre ich noch ihr Kommandant geworden, das ging denn doch nicht.« »*Sie waren Offizier?*«, frage ich unvorsichtig. »*Oberstleutnant.*« Ich verkneife mir die nächste Frage, aber er weiß schon Bescheid. »*Jetzt denkst du dir, erst Kommandeur, dann Chauffeur, weit gebracht, richtig? Wo bist du her? Scheißeuropa, könnte ich wetten. Und für euch Lahmärsche haben wir unsere Knochen hingehalten. Also rück schon heraus.*« Ja, da war sie wieder, die verwünschte Frage. Dieses ewige amerikanische »*Where you from?*«, das ich zuletzt mit immer pikanteren Einfällen – Atlantis, Assyrien – abschmettern werde. Aber diesmal bekenne ich mich zu Seligman, wer immer der gewesen sein mochte. »*A Jew boy? Also deswegen der Biber?*« (Ich trug damals meinen ersten Bartansatz.) »*Ich dachte schon, du gehörst zu den ›Stars of David‹.*« Was nicht etwa eine Freimaurerloge war, sondern eine berühmte Baseball-Mannschaft, die aus Werbegründen Bärte trug. »*Wen man nicht alles trifft auf dieser Welt! Seid ihr Leute tatsächlich so smart, wie man euch immer nachsagt?*« Ich sträube mich mit Händen und Füßen, aber es hilft alles nichts, er muß mich auskosten. »*Jetzt paß mal auf, Küken. Je weiter du nach Westen kommst, desto häufiger wirst du solche Typen finden wie mich. Also Leute, die sich im Handumdrehen selber umpflanzen, umtopfen. Natürlich muß Geld drin sein. Aber nix Herkunft, nix Klasse! Weißt du was? Mein Alter war Professor, heute fahre ich Trucks. Und diese Chance, die gibt es. Das ist, was Amerika groß macht. Und jetzt hops!*« Ich starre ihn verblüfft an, aber schon hat er mit Macht auf die hydraulische Bremse getreten. »*Verpiß dich! Und lern was von den Leuten!*« Sekunden später stehe ich wieder auf dem *Highway*, vor mir die unsterbliche Landschaft des amerikanischen Hinterlands: Eine Zapfsäule, ein Autowrack, eine ebenerdige weiße Bude mit schreienden Beschriftungen: »*ROOMS ... GAS ... SHAKES ... HAMBURGER.*« Anscheinend bin ich in einem Kaff gelandet namens Kingman, Arizona. Klingt immer noch vornehmer als Seligman, denke ich mir. Und ganz nahebei pfeift irgendwo eine Lokomotive, wie ein lockendes Versprechen.

Denn mit der Eisenbahn hatte ja alles bei mir angefangen, jedenfalls der Traum davon. Es gab damals keine Legenden vom Autostoppen oder Hitchhiken oder Trampen, oder wie immer man das später nennen würde. Der hymnische Erlebnisbericht *On the Road* (*Unterwegs*) von Jack Kerouac – er mußte ungefähr um die gleiche Zeit herumgezogen sein wie ich – war noch nicht erschienen. Dafür kannten wir die Lokführer-Romanze *La Bête humaine* (*Die Bestie im Menschen*) von Émile Zola. Sowie besonders ihre Verfilmung durch Jean Renoir, mit einem taffen Jean Gabin in der Hauptrolle. Vor allem aber waren wir als Jungen dem Reisebuch *The Road* (*Abenteurer des Schienenstrangs*) von Jack London verfallen. Dieser ewige Wanderer hatte ja schon mit sechzehn, genannt *Frisco Kid*, den Kontinent viele Male durchquert. Ein *hobo* oder *bum* oder *road-kid*, kurz ein Eisenbahnvagabund. Der als unerfahrener *gay cat* einstieg (damals hieß »gay« noch nicht schwul) und als *profesh* endete. Aber nur, um sich 1897 dem stürmischen Goldsucherzug nach Alaska anzuschließen, der ihm schließlich den Stoff für seine aufregendsten Geschichten liefern sollte.

Und so stehe ich denn – im Sommer '46 muß es gewesen sein – samt meinem Pappkoffer an der George-Washington-Bridge hinter New York, den Daumen in der Luft.

Es war, nach endlosen Jahren Emigration und Militär, sozusagen meine erste freie Tat. Ich durfte nach Lust und Willen! Ja, ich war entschlossen, dem Schicksal zu folgen, was immer es mit mir anfangen wollte. Mich treiben zu lassen, wohin es mich verschlug. Komm, Leben, ich bin bereit! Und wie als Bestätigung dafür bekam ich auch gleich einen *ride* nach New Jersey, und von dort zwei weitere nach Pittsburgh. Nicht schlecht für den Anfang. Und ein paar von den nützlichsten Lektionen hatte ich auch schon gelernt. Erstens: Lasse dich nie *vor* einer Ortschaft absetzen. Sonst kannst du stundenlang zu Fuß hindurchpilgern, bevor du die rettende Landstraße wieder erreichst. Zweitens: Wandere nie mit einem Kumpel. Keiner nimmt zwei Autostopper auf einmal mit, es sei denn ein Paar knuspriger Girlies. Drittens: Du bist nicht dazu da, um stumm deine Hochgefühle als Abenteurer zu genießen, oder gar die vorbeilaufende Natur. Sondern um deinen Fahrer zu amüsieren (es war vor dem Autoradio). Schließlich: Deine wahre Lebensgeschichte wird ihn weniger interessieren, als was du, mit Phantasie bzw. Belesenheit, für ihn zusammenfabulierst. Wobei du gut daran tust, seinen Gusto schnellstens abzuschätzen. Lauter feine Ratschläge für später.

Hinter Pittsburgh kam Steubenville, übrigens auch Frankford, Dresden, Stuttgart, Humboldt und Ulrichsville, offenbar alle von deutschen Einwanderern gegründet. (Nicht zu reden von Bismarck in North Dakota. Später, in Texas, werde ich sogar ein *Boerne* kennenlernen!) Bei Steubenville lief übrigens neben der Landstraße eine Zuglinie einher. Der Bahnhof nannte sich, wie in weiten Teilen Amerikas, das *depot* (sprich: »diepo«). Dort brauchte ich nicht lange zu suchen und entdeckte, in einem nahen Gestrüpp, den dazugehörigen Hobo-Dschungel. Also das Biwak, wo um ein Feuerchen gelagert die *road-kids* den nächsten Güterzug abwarteten, dessen Dampflok hier Wasser auftanken sollte. Nur daß dies eigentlich keine Kids mehr waren, wie zu Jack Londons Zeiten, sondern zum Großteil ältere Herrschaften. Traditionelle, in ihrer Standesehre schon klassische *drifters* (Vagabunden), *bindle-stiffs* (Landstreicher, die ihr Bündel über der Schulter trugen), *winos* (die Weinflasche zumeist in einer braunen Papiertüte verborgen). Häufig auch *ex-cons*, also entlassene oder entlaufene Sträflinge. Zusammen bildeten wir eine Art *social club*, wo jeder den andern – und nun vor allem mich – zu beeindrucken oder zu belehren suchte. Ich erfahre, wie man einen fahrenden Zug zu entern hat, indem man den Oberkörper stark vorbeugt. Während du andererseits beim Abspringen voll in die Hinterlage gehen mußt, um nicht sofort auf der Fresse zu landen. Zum Wagendach klettern heißt *going on deck*, unten im Gestänge war man *underneath* oder *on the rods*. Ein schöner Ort, wo allerdings immer die Gefahr bestand, daß ein Bremser (*shack*) dich ausfindig machte. Dann einen schweren Schraubenschlüssel oder ähnliches Werkzeug an ein Tau bindet und dieses unter deinem Wagen schön langsam ausfahren läßt. Der Höllentanz, den solch ein Trumm zwischen Schwellen und Gestänge ausführt, bedeutet dann unvermeidlich das Ende jedes *bums*.

Ich höre zu, halte eisern die Schnauze und lerne wieder einmal eine ganz neue Sprache. Die Kunden selber nennen sich nie beim Namen, sondern reden einander mit »*Bo*« oder »*Hobo*« an, ihrer Berufsbezeichnung. Essen heißt »*chow*«, Kaffee »*java*«, schlafen ist »*to kip*«. Der grobe Tabak zum Zigarettendrehen, den sie dir anbieten, heißt »*the makings*«. Polizisten sind »*bulls*« oder »*coppers*«. Gern erzählen sie, wie man trotz aller *coppers* und *shacks* einen Zug

»halten« kann (»*nail her down*«). Und zwar möglichst in einem warmen geschlossenen Güterwagen (»*blind*«) und nicht etwa dem zugigen offenen (genannt »*gondola*«, auf der zweiten Silbe zu betonen). Auf der Straße pennen hieß »*flopping*«. Und ein »*flop house*«, meist in *skid row*, der Pennerstraße gelegen (in New York war es die Bowery, in L.A. der Mission District) hieß die Bude, wo man in einem wanzenzerfressenen Massenquartier übernachten durfte. Und zwar, wie ich alsbald herausfand, zu einem Preis von *two bits*, also einem Vierteldollar. Natürlich wirst du nicht unter deinem eigenen Namen herumziehen, sondern dir einen Spitznamen zulegen, einen *monicker*. Diesen für mich zu finden war heute Abend angesagt. Dazu soll ich ihnen erst einmal meine Lebensgeschichte erzählen. Ich lüge, was das Zeug hält. Wer wollte schon als *Jew Kid* durch ein Land wandern, in dem der blöde Spruch: »Ihr seid die einzigen, die vom Krieg profitiert haben« noch überall zu hören war. Demnach gab ich mich damals als Schotte aus, das erklärte meinen Akzent. Und so reiste ich eben als »*Scottie Boy*«.

Gegen drei Uhr morgens traf dann der lang erwartete *Overland* ein. Die meisten Kollegen lagen schnarchend im Alkoholrausch, also war ich so ziemlich der einzige, der den Zug enterte. Kein *shack* oder *copper* in Sicht, dafür im Waggon ein höchstens fünfzehnjähriger Knirps namens Bobby, eben von daheim ausgerückt. Zum Glück hatte er einen Haufen *Peanutbutter*-Sandwiches mitgebracht, die er brüderlich mit mir teilte. Seine einzige Sorge war, irgendwo wegen *vagrancy* (Landstreicherei) geschnappt und nach Hause verfrachtet zu werden. Aber dagegen gab es ein probates Mittel. Das war der knisternde und in sein Jackenfutter eingenähte Zehndollarschein, den er mich auch stolz abtasten ließ. Wer zehn Dollar besaß, der konnte angeblich nicht als Vagabund verhaftet werden (was sich leider als Illusion herausstellte.) Danach muß ich unvermittelt weggesackt sein, denn als ich erwachte, fuhren wir gerade durch eine mickrige Station namens *Vienna*. Die Weltstadt Saint-Louis mußte ich glatt verschlafen haben. Klein-Bobby war inzwischen irgendwo ausgestiegen, leider unter Mitnahme meiner Sonnenbrille. (Damals noch nicht das Zubehör der *beautiful people*, sondern ein Ding, das einem irgendwie Unsichtbarkeit verlieh.)

In Tulsa, Oklahoma, wurde dann mein Waggon abgekoppelt, man mußte schnellstens verduften. Ich kroch unter dem Wagen hindurch und stracks einem feinen Gentleman in die Arme. Der anscheinend genau nach solchen Typen wie mir Ausschau hielt. Aber nicht um sie einzulochen, sondern zu bekehren. Er war ein Straßenprediger namens Reverend Mortensen, wollte aber als Jimmy angeredet werden. Nachdem er mir drei Hamburger hintereinander spendiert hatte, rückte er damit heraus, was er eigentlich brauchte. Nämlich einen Lockvogel. Ob ich mir dergleichen zutraute? Ich sagte sofort ja. Schließlich war ich seinerzeit Mitglied des Wiener Reinhardt-Seminars gewesen, wenn auch nur in der *Claque*, ein befehlsmäßiger Applaudierer. Und hatte ich nicht noch kürzlich als Gefangenenvernehmer die halbe deutsche Wehrmacht düpiert? Reverend Jimmys Religion war das Mormonentum. Also eine Sekte, die jetzt nicht mehr der Vielweiberei anhing, und damit einiges von ihrer Anziehungskraft verloren hatte. Meine Rolle bestand darin, Jimmy zuerst auf der Straße zu photographieren, um auf ihn aufmerksam zu machen. Und mich hierauf möglichst überzeugend und tränenvoll zur Selbstlosigkeit zu bekehren mittels einer gespendeten Dollarnote, natürlich als Anreiz für die Umstehenden. Dafür durfte ich nachts gratis in Jimmys Wohnung auf dem Sofa pennen. Ich erwachte, als er mir in aller Stille die Decke vom Leib zog, und diesen abzutasten begann. Vor Schreck wußte ich nicht gleich, was tun. Aber dann fiel mir glücklicherweise »VD« ein. VD, das hieß *venereal disease*, also Geschlechtskrankheit, und war das Schreckgespenst aller Armeen der Welt. (Filme über VD kamen im Frontkino immer gleich hinter denen, wo Hitler wild gestikulierend zum Himmel blickte.) Ich gestand Jimmy, daß ich mich leider im Krieg angesteckt hätte, irgendwo in Marokko oder Neapel oder was mir gerade einfiel. Danach verließ er fluchtartig die Szene.

Zwei Tage später setzt mich ein Bummelzug in Amarillo, Texas ab. Dies war der Hauptort der *Panhandle*, also des nördlichen »Pfannenstiels« dieses gewaltigen Staates. »*To panhandle*« bedeutete aber komischerweise auch schnorren, fechten gehen, und dazu war ich Hungerleider jetzt ausersehen. Fechten hieß, bescheiden an die Nebentüren der kleinen hölzernen Vorstadthäuser klopfen und die Hausfrauen um etwas Eßbares anzugehen. Es war noch eine Zeit ohne Alarmanlagen, ja meist sogar ohne abgeschlossene Türen. In diesem längst verschollenen Amerika der Nachbarschaftlichkeit traute man einander. Wenn auch nicht unbedingt dem verkommenen bärtigen Typ, der plötzlich vor der Küchentür auftauchte. Es ging also darum, möglichst umgehend eine Story zu erfinden, die meinem Aussehen entsprach. Aber gleichzeitig auch der Gedankenwelt der Hausfrau, welche da, ihre Hände an der Schürze abwischend, vor mir stand. War sie eine Anglodame, bürgersinnig, wenn auch vielleicht überheblich und bigott? War sie eine Einwanderertochter, etwa aus Deutschland, Polen, Skandinavien, die sich noch ein Gefühl für *the old country* und seine Nöte bewahrt hatte? Am schnellsten jedoch mußte ich jede Einschätzung als »Mex« abschmettern, denn denen hatte man ja einst den ganzen schönen Staat abringen müssen. (Und was hier anscheinend die nämliche Rolle spielte wie seinerzeit in Wien der Unterschied zwischen »arisch« und »asiatisch«.) Nein, fechten war nicht ganz einfach in dieser Gegend. Daß ich trotzdem zu meinen Freßpaketen kam – und manchmal sogar zu dem, wovon Jack London als einem *set-down* geschwärmt hatte, also eine Einladung zu Tisch ... das verdanke ich, ja wem? Neben meiner genannten Lust am Erfinden doch auch dem wachsenden Drang zu verstehen. Gar in die Haut der andern zu schlüpfen, fast zu ihnen zu werden. Und sei es nur für den vorübergehenden Moment.

Nur ist es geraten, sich nicht zu viel Zeit mit alledem zu lassen. Denn bei Sonnenuntergang droht ja die Heimkehr des Gatten oder erwachsenen Sohnes, und die verheißt nichts Gutes. Sondern eher solch anzügliche Sätze wie: »Ich habe auch Sorgen, deswegen bettle ich doch nicht die Leute an.« Oder gar: »Ich kenne da jemanden, der braucht einen Mann fürs Holzhacken.«

Bei Kingman gerate ich dann irgendwie auf eine falsche Strecke, die mich in die *Black Mountains* entführt. Dort, in Boulder City, übernimmt mich ein schwerer Tankwagen, der die wenigen Kuhdörfer, die in *Death Valley*, dem »Tal des Todes«, und in der benachbarten Mojave-Wüste überleben, mit Wasser versorgt. Diese sonnendurchglühten Höllenorte durfte man damals wegen der Hitze nur nachts durchqueren. Und zwar mit einem Sack voller Trinkwasser, der vor den Kühler geschnallt wurde ... Und dann, ja dann war man fast unvermittelt im seligen Südland von Kalifornien. Weiter konnte man von der Emigrantenfalle New York gar nicht entfernt sein. Geschweige denn einem zerdepperten Europa, das mir von hier aus vorkam wie ein mit Recht versunkener Kontinent. Ich aber würde Kalifornier sein, zugehörig der wetterlosen, bewußtlosen Insel der Seligen, zu allen Verwandlungen bereit.

Mein Truck setzte mich bei einem Ort ab, der hauptsächlich aus blühenden Orangenhainen bestand. Die Besitzerin der Plantage trug auch tagsüber Lockenwickler in den platinblonden Haaren. Hatte allerdings das Alter schon stark überschritten, wo man normalerweise die obersten Knöpfe der Bluse offenließ. Als ich mich sträubte, in ihren Lederbusen einzukehren, wurde ich definitiv zum »Mex« erklärt. Und einer der Pflücker brachte mich stracks zu meiner Bestimmung, dem Campus der *Universität von Kalifornien in Los Angeles*, abgekürzt »UCLA«. Hier wollte ich studieren, auf Kosten der »GI-Charta«, die jedem Kriegsveteranen 75 Dollar Lebensunterhalt monatlich verlieh. Ich sah mich andächtig um. Die Uni bestand aus zwei Reihen altmodischer Ziegelkastelle mit vorgelagerten steinernen Wandelhallen, dazwischen ein rasenbestandenes Sportfeld. Und mitten darauf posierten, griechisch aber beinfrei in weiße Plisseeröckchen gewandet, blonde rosige Göttinnen, und schossen mit Pfeil und Bogen auf Zielscheiben aus buntem Stroh. Hier, wenn irgendwo, lag das irdische Arkadien. Der Ort, an dem ich meine Herkunft vergessen konnte, auch die Emigration, den Krieg und sonstiges Ungemach. Um direkt zum *Bruin* zu werden mit einem goldenen Bären auf dem T-Shirt – dem Wappentier des Staates, dem ich von nun an zugehörig war.

Ein Jahr später hatte ich es so ziemlich satt, dieses hedonistische Narrenparadies. Nun ja, hier ließ man meinen Bart ohne weiteres als Künstlerzier gelten. Durfte ich in einem Schaffensrausch, der sich nie wieder einstellen sollte, ein halbes Dutzend Novellen und Theaterstücke verfassen. Konnte mich vom verhaßten »George« in einen »Steve« verwandeln, dem das Englische fast zu flott von der Feder floß. Im übrigen haben einige der schönen Bogenschützinnen die Zielscheibe nicht verfehlt, die vor meinem Herzen lag. Was ist es also, das mir abgeht? War es, daß ich hier höchst angenehm eine Traumfigur darstellte, die gar nicht mit mir identisch war? Ein Schiff, das unter falscher Flagge segelte?

Ich beschloß, zum nördlichen Zweig der Uni hinüberzuwechseln, der als seriöser galt, in Berkeley an der Bucht von San Francisco. Hierzulande war es denkbar, als Pärchen zu *hitchen*. Also akzeptierte ich, daß sich mir eine Literaturstudentin namens Pip anschloß. Eine dieser blendenden kalifornischen Schönheiten, die nicht einmal um ihre Schönheit wissen, weil sie hier an allen Straßenecken zu finden sind. Allerdings war Pip eisern entschlossen, ihren »kleinen Schatz« bis zur Hochzeit zu bewahren. Ihr zu Gefallen nahmen wir, anstatt des direkten *Highway 101* (*one oh one*), die verzwickte Küstenstraße, ehemals *Camino Real*. Vorbei an solchen idyllischen Fischerhäfen wie Carmel oder Big Sur, zu dieser Zeit Rückzugsort des zivilisationsmüden Autors Henry Miller. Wir stießen auf ihn in einer minimalen Snackbar. Trübselig einen Mokka schlürfend, dessen mangelnden Geschmack er beklagte, verglichen mit allem Französischen. (Dabei gab es meiner Erinnerung nach nichts Untrinkbareres als das Gesöff aus überrösteten afrikanischen Bohnen, das man damals in Pariser Cafés verzapfte.)

Aber Miller, dieser einst verhungerte Telegrafenbote, hatte eben in Paris nicht nur seine Traumstadt gefunden, sondern auch seine Traumfrau, nämlich die Autorin Anaïs Nin. Und überdies jemanden, der für seinen Unterhalt aufkam (nämlich ihren Gatten). Wenigstens so lange, bis seine ausschweifenden sexuellen Delirien sich zu Bestsellern mauserten. Inzwischen war der tolle Dichter allerdings zu einem stillen Weisen mit leicht östlichem Einschlag gereift. Nur leider in jenem penetrant näselnden Brooklyner Tonfall, der für mich alles Poetische ausschloß. Nicht jedoch für meine Begleiterin. Welche auch alsbald mit schräggestelltem Haupt, schwärmerisch aufgerissenen Augen und andauerndem Zurückstreichen der Haare ihr literarisches Interesse kundtat. Ich ließ sie in dem »*klimatisierten Alptraum*« (so der jüngste Millersche Buchtitel) unserer Snackbar zurück und trampte allein weiter nach Berkeley.

Es war leider eine falsche Wahl. Zwar wurde hier nicht alles zu Spaß und Show wie in L.A.. Nein, man zeigte sich wissenschaftlich, soziologisch, universitär. Aber Phantasie war nicht gefragt, schon gar nicht Romantik. Und man war auch nicht auf Lebenskunst aus, das einzige, was mich damals zutiefst anging. Ich merkte, wie sich eine unkreative Gefühlsleere in mir ausbreitete. Eine Art Hohlraum, den ich neu füllen mußte. Aber womit? Nun ja, mit frischen Eindrücken, Erlebnissen, Abenteuern, was sonst. Nur, wie kam man zu dergleichen auf dem – zu dieser Zeit noch so biederen und gar nicht explosiven – Campus?

Ich schrieb mich in ein Seminar über D. H. Lawrence ein, den seinerzeit berüchtigten britischen Skandalautor. Der ließ nicht nur seine feine Lady Chatterley ihr Glück mit dem potenten Wildhüter Mellors finden, in einem anzüglichen Roman, der in Amerika so indiziert war wie das meiste von Henry Miller. (Ich bestellte ihn mir aus Schweden.) Sondern Lawrence hatte auch begeistert in entlegenen Ländern, Riten und Sexualitäten nach jenem Primitiven geforscht, das uns Moderne regenerieren sollte, den *dunklen Göttern*. Ich war hingerissen und reihte ihn sofort unter meine *Abenteuer-Künstler* ein. Über die Mehrzahl von ihnen habe ich später Filme gemacht. Ah, Hemingway, Rimbaud, Gauguin, Traven und natürlich auch Jack London!

Dieser ruhelose Herumtreiber hatte ja einst hier an der gleichen Stelle Literaturkurse belegt. Allerdings erst, nachdem er etliche Segeltörns, den Schienenstrang und das goldene Alaska absolviert hatte. Somit lag ich weit zurück und hatte dringend Nachholbedarf. Es war hier üblich, daß man nach den Schlußexamen noch einige Tage zugab, um seine Resultate zu erfahren. Danach mietete sich jeder, der die *graduation* bestanden hatte, einen schwarzen Talar und ein quadratisches »Mörtelbrett« für das mit Wissen vollgepfropfte Haupt. Und begab sich zu einer andächtigen Zeremonie, wo dir unter vielen Reden, daß man jetzt in das Leben hinaustrat, die »Schafshaut« des *Bachelor of Arts* verliehen wurde. Da ich schon allerhand Leben genossen hatte, schenkte ich mir die Sprüche. Statt dessen hinterließ ich Postkarten bei den Professoren, mit der Bitte, mir die Abschlußnoten nachzuschicken. Als Adresse: Postlagernd Guatemala City, Guatemala. Keine Ahnung, wo genau das lag. Aber bestimmt weit genug, so hoffte ich, um mich wieder einmal frisch aufzutanken. Zum Überleben genügten mir meine monatlichen Schecks von der benedeiten GI-Charta. Und schon stand ich am Straßenrand, um die linke Schulter den Brotbeutel mit Waschzeug sowie der im Krieg erbeuteten Kamera. Um die andere eine an den Enden verschnürte Deckenrolle. Mehr brauchte ich nicht.

Mein erster *ride* war der bloße Katzensprung von Berkeley nach Oakland, dem Hafen von San Francisco. In Oakland war Jack London geboren, auf der *falschen Seite der Schienen*, nämlich im Armenviertel. Und hier stand nach wie vor die Kneipe *Heinold's Last Chance*. Einst aus den Trümmern eines hölzernen Walfängers zusammengenagelt und jetzt noch geleitet von des alten Heinolds Sohn George. An der Wand das Foto des halbwüchsigen Jack London, wie er, den Kopf tief in die Hände vergraben, einen dicken Wälzer studiert: Es ist Websters *Diktionär der amerikanischen Sprache*. Dessen Beherrschung ihn schließlich zum erfolgreichsten Autor seiner Zeit machen sollte. Allerdings nicht zum heitersten: Mit gerade vierzig wird der Alkoholiker Selbstmord begehen. Zwei Töchter haben überlebt. Die eine, Joan, können wir kurz zum Sprechen bringen. Eine verbitterte Frau, denn Jack hat die Familie früh verlassen. Sie ist Gewerkschaftlerin, setzt sich für *huelga* ein, den Kampf der – hauptsächlich mexikanischen – Saisonarbeiter, denen Kalifornien zu dieser Zeit ein gut Teil seines Reichtums verdankt. Joan bissig: »*Mein Vater war ein Naiver. Er glaubte, Sozialist zu sein. Aber in Wirklichkeit bestand seine ganze Anstrengung darin, sich zum Übermenschen zu stilisieren.*« (Nun ja, denke ich mir, wie wahrscheinlich die meisten Autoren.) Dann bringt mich ein Bus hinaus zur *Beauty Ranch*, dem riesigen Anwesen, das er einst zu einem Musterbetrieb ausbauen wollte. Jetzt werden die trüben Reste verwaltet von Jacks Neffen Irving Shepard, Sohn seiner Schwester Eliza. Nichts von Jacks gewaltigen Reformplänen hat sich hier verwirklichen lassen. Zuletzt ist auch noch das massive granitene *Wolfshaus* abgebrannt, das er für seinen Lebensabend vorsah, wahrscheinlich von einem neidischen Nachbarn angezündet. Ich will die Ruine photographieren, aber man warnt mich vor Klapperschlangen.

Da es hier kaum Autoverkehr gibt, auch keine Wallfahrer, die Irvings Gedenkstätte besuchen wollen, bringt er mich selbst mit seinem Pick-up hoch in die Berge nach Truckee, diesem eigentümlich gespenstischen Bergdorf. Auf der rechten Seite der Straße ganz zeitgemäß mit Tankstelle und Motel, links wohlerhalten die alten Blockhäuser und Goldsucherkaschemmen, davor aufgepflockte hölzerne Bürgersteige. Ein ergreifendes Kinorelikt, denn hier hat ja einst Charlie Chaplin seinen klassischen Stummfilm *Goldrausch* gedreht. Ich bin in den Rocky Mountains, auf einem Stück Wildland, ursprünglich den Shoshone-Indianern zugehörig. Ein *ride* mit einem Haufen jugendlicher Beatniks bringt mich über *Monument Valley* und die *Gemalte Wüste* zur Reservation der Navajos. Dabei quetschen wir uns zu sechst in eine riesige Klapperkiste, ich glaube gar, es ist ein vorsintflutlicher Cadillac. Die *Beats* tragen *blue denims* (in Zukunft *jeans* geheißen), dazu befranste Lederjacken, bunte Halstücher. Sie klönen wild durcheinander, trinken Whiskey. Und rauchen etwas Fadendünnes, das sie *beedies*, und drehen etwas Dickeres, das sie *joints* nennen. Die mir aber beim Inhalieren keinerlei Effekt vermitteln. Erst später werde ich mich fragen, ob ich hier ahnungslos auf den Früh-Hippie Jack Kerouac, nachmals Autor von *Unterwegs*, und seine Bande von Trampern gestoßen bin.

Die Navajos sind ein großer Stamm von etwa 60 000, ursprünglich Jäger und Fischer, heute nach dem Abholzen der Wälder zumeist Schafzüchter. Aber nur für ein Viertel von ihnen ist überhaupt Grasland vorhanden. Mehr

Schafe sind auf der Reservation nicht zugelassen, weil sonst alles sich in Wüstenei verwandelt. Rund um ihre *hogans* (Erdhütten) ganze Wagenburgen von verrosteten Autowracks. Einige Frauen versuchen Teppiche zu knüpfen für den *Trading Post*, ansonsten herrschen Hunger und Tuberkulose. Der Medizinmann nennt sich hier der *singer*, da er viel mit rituellen Gesängen arbeitet, dazu mit einer *Schwitzhütte* genannten Sauna. Die raren Medikamente gibt es nur im *Indian Service* und den religiösen Missionen. Alkohol ist streng untersagt, wird aber von Schmugglern hereingelotst. So liegen in allen Straßengräben die Spritleichen, um die sich keiner schert.

Mitten unter den Navajos haust, auf mehrere mesas oder Tafelberge verstreut, der kleine Stamm der Hopi-Indianer, weit intensiver auf ihre Eigenkultur bedacht. Ein Bergdorf verweigert sogar elektrischen Strom, Wasserleitung, Autoverkehr. Auch jedes Photographieren ist verboten. Da es hier oben schon lange keine Niederschläge mehr gab, findet abends der *Regentanz* statt. Ein uralter Tanzmeister gibt an die Männer wunderschöne Rohledertrachten und Federschmuck aus. Nur die Mokassins reichen nicht, man sieht auch Sandalen und moderne Sportschuhe. Musik von Pfeif- und Schlaginstrumenten. Rund um den Dorfplatz hocken auf den platten Steindächern die Frauen mit ihren langen farbigen Röcken, die Kinder teilweise schon modern in T-Shirts. Jetzt beginnen die Männer ihre monotonen Reihentänze. Zu sehen sind verzückte Gesichter, Innenschau, die den Betrachter in vorzeitige Stimmung versetzen, als hätte jemand die Welt um Jahrhunderte zurückgedreht. Man ist ergriffen von der Unverlorenheit dieser Zeremonien. Wie sie einst die spanischen Eroberer gesehen haben mußten, dann die mexikanischen Viehzüchter, die vom

Süden, die amerikanischen Pioniere, die vom Osten vorstießen. Einstmals hatte dieses ganze gewaltige Indianerland vom Mississippi bis hin zu den Rockies den Franzosen gehört, die es nach ihrem König *La Louisiane* benannten. Napoleon hat dann alles, also vielleicht ein Sechstel der heutigen USA, an die Unionsstaaten verscherbelt, um seinen blamablen Rußland-Feldzug zu finanzieren.

Inzwischen tanzen die Hopis noch immer, wenn auch etwas ermüdet, ohne daß auch nur das kleinste Regenwölkchen sichtbar wird. Aber etwas anderes geschieht: Mit einem Mal haben sich meine Beatniks aufgerafft aus ihrem kontemplativen Buddhasitz. Reihen sich ein, tanzen und schlurfen, recken die Arme zum Himmel, stoßen ekstatische Rufe aus wie »*Oh, man!*« oder »*Go go go!*« Für sie ist gestern wie heute. Und die *squaws* und *picaninis* auf den Steindächern klatschen lachend mit, tragen willig zur Entzauberung bei. Wie hätte das den großen D. H. Lawrence verstört, der hier, und später in Mexiko, aus solchen vorzeitlichen Gebräuchen (und aus Nietzsche und Freud) seinen Mythos der *Gefiederten Schlange* herausschälte: Vergötzung des Vitalismus entgegen der modernen Ratio. Eine gefährliche Sache, wofür aber auch ich in diesem Stadium zutiefst anfällig war. Danach stürmischer Abmarsch meiner Freaks zu den Schnapsflaschen und Joints in ihrer Karre, ohne sich weiter um mich zu kümmern. Unten im Flachland rolle ich mich dann, beschützt von gleißenden Sternen, in meine Decke.

H*ey, you! Ja, Sie da!*« Mühsam wickle ich mich aus dem Schlafzeug. Draußen ist heller Tag, das Auto habe ich nicht kommen hören. Der dicke Mann über mir braucht mir erst gar nicht seinen fünfzackigen Stern hinzuhalten, ich habe ohnehin schon begriffen, worum es geht. Die ganze Welt scheint hierzulande nur aus *Deputies*, aus Hilfssheriffs zu bestehen. (Wie übrigens überall auf Erden, wenn man der Unterklasse angehört. Oder gar, gottbehüte, einer farbigen.) »*Are you Anglo or are you Mex?*« Etwas Neues könnten sie sich auch schon mal einfallen lassen. Ich verweise auf meine Kamera als Inbegriff des Touristen, und entkomme mit einer Verwarnung: »*Lassen Sie sich hier nicht wieder blicken, Fremder.*« Was ja wie aus einer Pferdeoper klingt.

Nicht zum ersten Mal ergreift mich der Verdacht, daß diese Westerner mit den hochhackigen Reitstiefeln und Schlapphüten ihre Urtümlichkeit aus dem Kino beziehen. Wobei allerdings die Übergänge gleitend sind: Ein Gary Cooper zum Beispiel soll ja ein authentischer *cowpuncher* gewesen sein, bevor er ins filmische Cowboyfach herüberwechselte.

Beim Zusammenpacken merke ich dann, warum ich so unruhig schlief. Der ganze Grund ist übersät mit kantigen Steinen, die sich bei näherem Hinsehen als behauene Pfeil- und Speerspitzen herausstellen. Ich bin in einem vergessenen Kriegslager gelandet. Vielleicht von den benachbarten Apachen, die sich ja erst spät den Weißen unterwarfen ... Ansonsten keine Fahrgelegenheit weit und breit. Eine offene zweirädrige Pferdekutsche bringt mich schließlich nach Santa Fe. Der indianische Fahrer trägt einen der damals noch üblichen schwarzen Spitzhüte mit Feder, die mich lächerlicherweise an den Judenhut des Mittelalters erinnern. Die Stadt besteht dann zumeist aus flachen einstöckigen Bauten von Adobe, also luftgetrockneten Ziegeln (im Zentrum nachgeahmt mit Sichtbeton).

Von dort führt eine breite Asphaltstraße nach Los Alamos, dem Orkus des Atomtodes. Und auf der anderen Seite ein enger Fahrweg nach Taos. Es ist das älteste noch bewohnte Indianerdorf Amerikas. Eingezwängt zwischen dem *Rio del Norte* – der sich später *Rio Grande* nennen wird – und dem 12 000 Fuß hohen verschneiten *Pueblo Peak*. Eine Ansammlung von übereinandergeschichteten weißen Hauswürfeln, teils nur über Leitern zu erreichen. Und der einzige Ort Amerikas, zu dem man Eintritt zahlen muß (einen Dollar).

Bei *Ranchos de Taos* hatte D. H. Lawrence, nunmehr von seinen Freunden Lorenzo geheißen, zusammen mit seiner Frau Frieda davon geträumt, eine Künstlerkolonie nach Bio-Grundsätzen zu schaffen. Nur eine einzige Künstlerin meldete sich, eine schwerhörige britische Jungfer namens Dorothy Brett. Hinzu stieß dann eine leicht hysterische, aber dank einem (ich glaube jüdischen) Gatten vermögende Gottsucherin und Indianerschwärmerin, Mabel Dodge. Nach ihrer Scheidung heiratete sie, anscheinend auf Anraten des Dichters, einen bulligen Indianer namens Luhan, und spendierte Lorenzo seine Ranch. Gab es damals allerhand Zoff zwischen den drei Damen, so lebten sie nunmehr friedlich vereint und teilten sich die Erinnerung an ihren Helden. Nicht ohne jeweils ein Buch über ihn zu verfassen, in dem natürlich jede von ihnen die Hauptrolle spielte. Lorenzo selbst, der das kalte Hochlandklima nur schwer ertrug, hatte sich schon bald an die Riviera absetzen müssen und starb dort einsam 1930 an Tuberkulose.

Kaum in Taos eingetroffen, miete ich mir ein Leihpferd und reite schlecht und recht hinaus zu der Ranch, denn das gehörte sich wohl so. Auch Lorenzo war dort oben geritten, zusammen mit seiner Frieda. Welche ihrerseits, so hieß es, dabei gern von den »dunklen Göttern zwischen ihren Schenkeln« geschwärmt habe. Darauf ihr Gatte trocken: »*Frieda, du hast zuviel in meinen Büchern gelesen.*«

Bei meinem Eintreffen – ich hatte mich telefonisch angesagt – sitzen die drei Grazien einträchtig zusammen beim Tee. Frieda, eine blonde, aber inzwischen recht stark gewordene Schönheit, war die Schwester des berühmten *Roten Kampffliegers* aus dem Ersten Weltkrieg, Manfred von Richthofen. Die Eroberung der statuesken (und damals noch mit einem Professor verheirateten) Aristokratin durch den schmächtigen Bergarbeitersohn feiern in verschleierter Form fast alle seine Bücher, nicht zuletzt die *Lady Chatterley*. Jetzt, als sie meine Herkunft erfährt, verschwindet Frieda kurzfristig und kommt in einem allzu prallen bayrischen Dirndl wieder, beginnt auch deutsch zu radebrechen. Männer sind nicht in Sicht, weder Luhan noch Friedas dritter Lebensgefährte Angelino. Zuletzt bereiten sie und Mabel zu meinen Ehren in der Küche einen Apfelstrudel. Inzwischen führt die spitzzüngige Brett mir draußen im Garten die Grabstätte des Dichters vor. Halb Indianerhogan, halb christliche Kapelle mit Kreuz (was er verabscheut hätte). Auf dem Altar seine Urne. Brett eröffnet mir auch, wie alles zustande kam. Frieda nämlich hätte ihren Angelino beauftragt, den verstorbenen Gatten nachts insgeheim in Vence auszugraben, die Leiche einäschern zu lassen und ihr seine Asche nach Taos zu verbringen. Nur sei leider bei der holprigen Kutschfahrt zur Ranch ein kleines Unglück passiert. Nämlich, daß das irdene Gefäß aus dem Wagen gekollert und auf dem Fahrweg in Stücke zersprungen sei. Was sich heute in dieser Urne befinde, sei also nichts als eine Menge Straßendreck, vermischt mit einem letzten Häufchen Asche.

Am nächsten Morgen bin ich schon wieder per Anhalter unterwegs, diesmal in einem Jeep, den mir die umtriebige Mabel verschaffte. Vorbei an dem Dorf Moriarty, nach dem vielleicht Kerouac in seinem Buch den Freund und

Liebhaber genannt hat. Hierauf die poetische Sierra *Jornada del Muerto,* die wüstenhaft-gebirgige »Wegstrecke des Todes«. Und vorbei an einem Ort, der sich anscheinend nach einem beliebten Radio-Quiz *Truth or consequences* genannt hat, also Wahrheit oder Folgen. In Roswell, New Mexico, übernachte ich wieder einmal in einem aufgelassenen Bahndepot. Schrubbe mir dann am Morgen den Oberkörper an der primitiven Wasserpumpe. Ein Kleinbus voller Schulmädchen rattert vorüber, wir winken einander freundschaftlich zu.

Dann eine Viertelstunde später der unvermeidliche Hilfssheriff: Die Kleinen haben mich verpetzt wegen *indecent exposure,* also Exhibitionismus. Ich werde verhört in der Kreisstadt Carlsbad (welch böhmischer Einwanderer das wohl gegründet haben mochte). Endlich läßt man mich laufen, und ich schaffe es in zwei *rides* den Pecos-Fluß hinunter bis zur Grenze am *Rio Grande.*

Bei Brownsville wechsle ich nach Mexiko hinüber. Wozu man zu dieser Zeit noch keinen Paß brauchte, von den heutigen turmhohen Grenzmauern nicht zu reden. Es gab aber auch keine Zetas oder andere mörderische *Narco*-Gangs. Auf der amerikanischen Seite benutzte ich noch schnell die Luxustoilette. Drüben, am Stadtrand von Matamoros (sprich Mohrenkiller) pinkelten sie bereits ins Waschbecken. Ich fürchte, genau das war es, was ich damals suchte, später wird man da wählerischer. Das richtige Abenteuer begann mit Aussatz und Schorf, begann mit Chaos und ungezähmter Natur. Was die zivilisierte Welt wohl anfangen würde, wenn es keine Wildnis mehr gab und keine *Eingeborenen* (verpöntes Wort), die anders waren als man selber?

Wenn mehr Kameras im Umlauf waren als Abzulichtende? Ja, wenn alle die Abzulichtenden selber Kameras trugen, weil ja jeder knipsen oder filmen wollte (Symbol des Beherrschens), keiner geknipst werden (Symbol der Unterwerfung)? Das mit Humor zu sehen war mir damals nicht vergönnt.

Glücklicherweise blieben zu dieser Zeit noch weite Teile von Mexiko so unerschlossen wie in den Zwanzigern, als der Schriftsteller B. Traven, ein linker Weltverbesserer und Held meiner Kindheit, hier seine Abenteuerromane erlebte. Ich forschte nach ihm an diversen exotischen Orten, die er in seinen Büchern genannt hatte. Aber in keinem *Palacio Municipal* wollte man je seinen Namen gehört haben. Auch nicht den des norwegischen Ingenieurs Torsvan Torsvan, des amerikanischen Übersetzers Hal Croves. Oder gar der deutschen Revoluzzer Otto Feige, Ret Marut, Richard Maurhut oder Bek-Gran. Wer war er wirklich? Selbst seine Witwe Rosa Elena konnte mir nichts Endgültiges über die Herkunft des pseudonymsüchtigen Autors mitteilen, als ich sie Jahre später besuchte.

Inzwischen hatte ich mich nach Zacatecas durchgeschlagen, noch immer im Norden dieses endlosen Landes. Es war die Stadt der *Norteños*, der *hombres del Norte*. Versinnbildlicht in Pancho Villa, diesem wilden Reiter und Kentaur mit den zwei umgeschlungenen Patronengurten. Wie auf unzähligen Wandfresken von Diego Rivera verewigt.

Die große Mexikanische Revolution lag jetzt an die zwei Jahrzehnte zurück. Man führte keine offenen Waffen mehr (wenn auch versteckte, im Hosenbund, im Handschuhfach). Aber noch immer stolzierten hier die *charros* umher ganz wie einst: farbenprächtige Caballeros mit wagenradgroßen Sombreros und bestickten Trachten. Auf dem *Zocalo*, dem Hauptplatz, führten sie ihre Reiterkunststücke vor. Und ließen sich mit *pulque* zulaufen, dem traditionellen scheußlichen Kaktusschnaps. Auch die uralte Witwe von Pancho Villa gab es hier noch (oder eine der mehreren, wie man mir versichert). Gern demonstriert sie mir in ihrem Heim die Hose des einst hinterrücks Ermordeten, indem sie die Finger durch die Einschußlöcher steckt. Natürlich gegen eine kleine *mordida*, wie sich hierzulande das Trinkgeld nennt.

Private Fahrzeuge gab es damals kaum. Man war auf die überforderten quietschenden Lastwagen angewiesen mit ihren zusammengeflickten Pneus. Und deren Fahrer leider erwarteten, daß man sie bezahlte wie einen Bus. Also mußte ich als erstes den reisenden *Gringo-Studenten* herauskehren, den ohne Moneten. Oder aber kurz vor dem Ziel abspringen und mich im Laufschritt aus dem Staub machen. Einmal werde ich auf einem offenen Laster als *pistolero* angeheuert. Als Bewacher der Ladung auch über Nacht. Die ich für simples Marktgemüse halte, auf dem ich mich zum Schlaf ausstrecken darf. Bis ich an dem Duft herausschnüffle, daß es sich um Marihuana handeln muß, noch im Naturzustand.

Ein andermal stoße ich auf eine ganze Wagenladung von hübschen indianischen Erntehelferinnen auf dem Weg zu einem *baile*, einer Fiesta. Übermütig gebe ich mich als *Dichter aus dem Gringoland* zu erkennen und höre noch ihr beifälliges Gemurmel: »*Poeta en Ingles*«. Anschließend muß ich natürlich gleich etwas Eigenes vortragen, nur was? Da sie ohnehin keine Silbe verstehen, bringe ich ihnen Kiplings exotisches *Gunga Din*. Danach *Ma bohême* von Arthur Rimbaud, was mir doch mehr in die Situation zu passen schien: »*Ich ging dahin, die Hände in löchrigen Taschen ver-*

graben …« Und dann kam, tief aus Kinderland aufsteigend, eine Strophe, seit ewigen Zeiten verschüttet: *»Als ich wandern ging, als ich wandern ging …«* Von Uhland? Mörike? Oder sonstwem aus der schwäbischen Dichterschule? Vergessen. Aber wie nah einem das geht, der man doch so weit weg ist.

Endlich erreichen wir Mexiko-Stadt. Ich lande in einer *casa de huespedes*, einem kleinen einheimischen Gasthof. Man erkundigt sich, ob ich mein Zimmer unten wünsche oder oben? Ich erkläre mein Desinteresse. Erst später wird mir klar, daß man oben pro Nacht bezahlte und unten pro Stunde. Einem der ansässigen *muchachas* (Mädchen) gefiel ich, oder mein Amerikanertum. Kurz darauf stellte sie mich schon als ihren *novio* vor, das hieß »Verehrer« oder »Bräutigam«. Danach durfte ich sämtliche Damen des Hauses abknutschen.

Tagsüber treibe ich mich in der Altstadt herum, genannt die *Zona roja*. Weil da die alten Häuser mit ihren blumigen Hinterhöfen aus rosigem Stein bestehen, oder zumindest rosa gestrichen sind. Die Kathedrale am Hauptplatz gleicht allen Kirchen des Landes, mit ihren üppig durchbrochenen Zieraten wie geklöppelte Spitzen. Bunt gekleidete *Indias* kriechen auf Knien in Richtung der *Schwarzen Jungfrau von Guadeloupe*. Haben aber immerhin kleine Kissen mitgebracht, die sie sich, mitten in der Verzückung, unters Knie schieben. Der Altar, von Jesuiten entworfen, von Indios geschnitzt, hätte in jeder bayrisch-österreichischen Barockkirche stehen können. Wandern macht fromm, also knie auch ich mich hin neben die schönen andächtigen Indias mit ihren fremdländischen Gesichtern. Wie konnte irgend jemand auf der Welt uns einreden wollen, daß es Edelrassen gab und mindere, Lichtvölker und Finsterlinge? Und daß die Vernichtung der Andersrassigen Gottes Wille sei, *Deus vult*?

Am Hauptplatz, auf einer Bank sitzend, spricht mich ein schicker mexikanischer Jüngling mit Krawatte an, ein feiner Pinkel. Er würde gern sein Englisch verbessern, um in den USA zu studieren, ob ich ihm weiterhelfen könne? Auch er sei als Wanderer unterwegs durch die weite Welt, um sich selbst zu erfahren, genau wie ich, nicht wahr? Er hieß Juan. Von da an waren Juan und ich unzertrennlich, bzw. er von mir. Frech wie keiner, riß er uns auch gleich einen *hitch* auf, mit einem kalifornischen Ehepaar, das nach der indianischen Töpferstadt Oaxaca strebte. Ein Ort, den auch Lorenzo einst bewohnt hatte.

Dort stiegen die Amis im feinsten Hotel ab, wir in einer *casa*. Nachts am *Zocalo*, wie immer ein viereckiger baumbestandener Park, fand der Korso statt. Dabei promenierten die jungen Männer in der einen Richtung, die Mädchen untergehakt in der andern. So machte man schnell Bekanntschaft. Juan war im Nu verschwunden, ich fand mich eingerahmt von drei lachenden *muchachas*, die alle ins Gringoland strebten. »*Du mich wählen, ich bleibe Nacht bei dir, dann morgen Amerika, okay?*« Juan kam und zog mich dringend abseits, und nicht zu früh. Denn schon waren die Bräutigame der Mädchen aufgetaucht, oder waren es eher ihre Zuhälter?

Jetzt trampten wir zu zweit. Obwohl Juan, diese Großstadtpflanze, vom Hinterland etwa so viel Ahnung hat wie ich. An der Landenge von Tehuantepec, tief im tropischen Süden, sollte es die imposantesten Frauen von ganz Mexiko geben, da mußten wir hin. Sie trugen voluminöse bodenlange Plisseeröcke und gestärkte weiße Hauben, die einen an Gauguins Bretoninnen erinnerten. Es war ein reines Matriarchat, das schon den großen russischen Filmemacher Eisenstein entzückte. Mittags wurde die Hitze unerträglich, also nahmen wir ein Lokalbähnchen zu dem Hafenort Salina Cruz. Dabei hatte man einen trägen Fluß zu überqueren, in dem die halbe weibliche Bevölkerung der Gegend nackt badete. Gegen eine *mordida* an den Schaffner schlich der Zug im Schneckentempo über die Brücke, ja stand geradezu still, wie aus Atemnot.

Abends Freiluftkino am Hauptplatz. Man spielt den *Schatz der Sierra Madre*, einen neuen Film von John Huston. Frei nach B. Traven, der übrigens bei ihm als Dolmetscher Hal Croves angeheuert hatte. Wer seinen Peso Eintritt nicht berappen kann, klettert auf die umliegenden Parkbäume. Alles jubelt vor Begeisterung, wenn die berittenen mexikanischen Räuber den Gringozug zum Halten bringen. Allerdings noch mehr, wenn sie reihenweise vom Pferd geschossen werden. Die Sympathie Gottes mag mit den Unterlegenen sein, sonst hätte er nicht so viele von ihnen erschaffen. Aber die Gunst des Publikums ist mit den Starken: *Everybody loves a winner*. Es fiel mir auf, daß ich bisher noch verdammt wenig Siege errungen hatte, außer dem Triumph des Überlebens. War vielleicht auch ich deshalb unterwegs? Um mich zu überzeugen, daß auch für mich ein Gestirn leuchtete?

Tags darauf trampen wir hoch ins Bergland von Chiapas, dem südlichsten Staat von Mexiko. Hier hatte Traven seine aufrührerische Holzfäller-Trilogie geschrieben. Über die ausgepoverten Waldarbeiter, die für Schundlöhne aus dem Dschungel das Mahagoni und die sonstigen Edelhölzer heraushauen mußten, mit denen sich der Jugendstil schmückte. Noch 1994 sollte hier in Chiapas der sogenannte *Zapatistenaufstand* losbrechen. Bei dem bewaffnete Indiorebellen die Sozialreformen und Menschenrechte einklagten, die man ihnen von je verweigert hatte.

Wir erreichen den Hauptort des Hochlandes, die schneeweiße Bischofsstadt San Cristobal de las Casas. Umgeben von den isolierten Bergdörfern der *Chamulas, Huastecas, Zinacantecas* und wie die Stämme alle heißen. Früh am Morgen marschieren die Männer in ihren farbenfrohen Trachten – jeder Stamm anders – herunter zur Stadt, hochbeladen mit Brennholz, Tontöpfen, Mais, Hühnern. Der Erlös reicht gerade für das bißchen Petroleum und Salz, das sie benötigen. Zwanzig Jahre später, ich drehte gerade meinen Film über B. Traven, werden sie bereits in gemeindeeigenen LKWs aus ihren Dörfern heruntergefahren kommen. Aber das Geschäft ist so ziemlich zu Ende, jetzt versorgt ein Supermarkt die kleine Stadt.

Noch aber gibt es diese Straßen nicht. Mühevoll klettern wir die Trampelpfade hinauf zu den Dörfern der Indios, die uns mißtrauisch beäugen. Im Hauptort San Juan Chamula, vor der schlichten Kirche, ragen meterhohe schwarze Kreuze, an denen aber statt des Erlösers lange Ährengarben hängen. Ein anarchischer Ort, halb heidnisch. Zu manchen Feiertagen wagt sich selbst der Pfarrer nicht in seine Kirche, sagt er. Neben dem Hauptplatz eine Freiluftschule. Indios mit buntgewebten Hüten, fast wie im Karneval, starren verwirrt auf Kinderbücher voller großgedruckter Alphabete. Später kommt auch ein Puppentheater hoch, entsandt vom Ministerium für Volkswohlfahrt. Offenen Mundes gaffen die Einheimischen auf einen Kasper, der ihnen unter allerhand Späßen vorhampelt, wie man sich die Zähne putzt.

Ich zähle mein letztes Geld. Nie hat Juan den versprochenen Pesoscheck von seiner Familie erhalten, und ich will ja noch bis Guatemala. Es wird knapp. Wir schlagen uns zur Küste durch, teils auf vorsintflutlichen Ochsenkarren (wie sie Traven begeistert abphotographiert hat. Dabei waren sie noch zu meiner Zeit im österreichischen Bauernland gang und gäbe.) Irgendwo nicht weit von der Küste entern wir einen Güterzug, der uns an den Grenzort Tapachula bringen soll. Wir sind nicht die einzigen, denn hier besitzt kaum einer genug *dinero* für ein Billett. Also heißt es vorsichtig sein. Schon stolzieren allenthalben die Grenzer umher, steckt der Bahnhof voller Hinweise auf *frontera* und *pasaporte*. Ein unguter Druck in der Magengrube gemahnt mich an ähnliche Freuden im fernen Europa, gar nicht so lange her. Außerdem gibt es hier einen Grenzfluß, den Suchiate. Da er schwer bewacht ist, müssen wir die Nacht abwarten.

Aber schon hat Juan, frech wie Rotz, einen Schmuggler aufgerissen. Einen *ladino* (Mestizen), der die guten Stellen kennt, Auszahlung drüben. Allerdings hängt ihm ein dicker Revolver von der Hüfte, *gegen die Alligatoren*. Der Revolver gefällt mir gar nicht. Ich hole aus meiner Deckenrolle das Fahrtenmesser heraus, schnalle es ostentativ um. Darauf kommt der Mestize mit einer Jagdflinte wieder. Jetzt hätte ich wahrscheinlich mit einer Kalaschnikow kontern müssen, besaß aber keine. Im Finstern waten wir zum anderen Ufer, ohne daß sich das kleinste Krokodil gezeigt hätte. Oder ein Offizieller. Der *ladino* setzt uns in einer leeren Indianerhütte ab, kriegt seinen Lohn und verschwindet.

Keine zehn Minuten später stürzt eine Frau in die Hütte: »*Die Grenzer! Die Grenzer!*« Im Nu hat Juan unser ganzes Gepäck im Hintergarten eingebuddelt. »*Und jetzt los, vamos, wir verstecken uns im Zuckerrohr!*« Ich laufe voraus, Juan in die Gegenrichtung. Dann Stille ringsum. Von einem Zöllner keine Spur. Vorsichtig schleiche ich in den Hintergarten zurück. Dort liegt mein ganzes Gepäck offen zutage, nur die Leica fehlt, was sonst. Und natürlich Juan. Bei der Strohhütte glotzt mich die Frau, die uns vorhin alarmiert hat, fremd an: »*Sind Sie sicher, Seńor, daß Sie dieses Haus meinen?*«

Und dann, auf einmal, hatte ich dieses Déjà-vu-Gefühl. Fast auf den Tag genau zehn Jahre mußte das jetzt her sein, bei meinem allerersten illegalen Grenzübertritt ins Tschechische. Und mein minimaler Emigrantenkoffer, den der *Passeur* netterweise für mich trug, und plötzlich nicht mehr trug. Weg war er. Gauner aller Länder, vereinigt euch.

Da es in dieser Gegend kaum Autoverkehr gibt, frage ich mich am Morgen durch zum Bahnhof. Er ist bereits überfüllt. Hier wird zur Not schon am Bahnsteig übernachtet, in Decken eingerollt, da man nie weiß, wann der erwartete Zug eintrifft. »*So gegen Mittag kommt er gern*«, höre ich. Er kommt tatsächlich am späten Nachmittag. Die Passagiere drängen sich in ihre Holzklasse, ich entere einen leeren Güterwagen mit offener Schiebetür. Der Zug dampft im Sonnenschein durch die üppigen Plantagen der Küste. Schon steigt in mir wieder diese glorreiche Empfindung der Ungebundenheit auf, der Unkontrolliertheit.

Übrigens, um die Wahrheit zu gestehen, fühle ich mich jetzt auch frei vom Zwang zu photographieren. Also dem Festhalten der Erscheinungen, wo wir Wanderer doch just auf das Flüchtige aus sind. Übermütig lasse ich die Beine zur Schiebetür hinaushängen. Nur daß wir gerade in eine Kurve wenden, so daß ich dem Lokführer ins Auge fallen muß. Schon kommt der Zug kreischend zum Stehen, und gleich darauf wird der *jefe* in der Tür sichtbar: »*Vamos, hombre!*« Es war aber keine Verhaftung, der Gute brauchte bloß

Gesellschaft da vorne. Ohnehin stoppt der Zug alle Viertelstunden, dann reichen ihm Kinder Kokosnüsse herauf oder Bananen. Oder eine Frau hievt einen Korb mit seiner frischen Wäsche auf die Plattform. Als Aristokrat des Proletariats konnte er sich eben eine *mujer*, eine Frau in jedem Hafen leisten wie ein Seemann. Einmal stemmt eine farbenfrohe India ihm sogar einen ganzen Zuber voller Krabben hoch. Der wurde dann einfach ins Feuerloch gestellt, und bald war die Fischsuppe gar. Er teilte sie kameradschaftlich mit mir, gerade als wir in Escuintla einliefen, oder wie das hieß.

Eine Art Endstation. Er steigt aus, um zu pinkeln, und hat mich auch gleich in einem Laster untergebracht, der hinauf ins Hochland will, keine Ahnung wohin. Aber war es nicht gerade dies, was einen lockte? Sich treiben lassen ohne Ziel, und doch auch ohne Angst, ohne Lebensangst, dem Erbübel der Emigration? Es auf Vertrauen anlegen, wo nicht zu dem alten Gott, der in Auschwitz versagt hatte, als zu Fortuna, deinem Glück? Aber dies eben nicht als Zufallstreffer oder als moralische Belohnung. Sondern man hatte Glück, wenn man nur fest genug an sein Glück glaubte! Außerdem wollte ich Geschichtenerzähler werden, nämlich ein Fabulierer am lebendigen Material, verwoben mit meiner realen Umwelt. Also los.

Tage später lande ich endlich in der Residenz, Guatemala-Stadt. Der Ort gefiel mir wenig. Hier hatte nie eine Revolution stattgefunden, und sei sie so blutig und chaotisch verlaufen wie in Mexiko. Es herrschte die unheilige Allianz von Landbesitzern, der Armee, der amerikanischen *United Fruit Company*, den zumeist deutschen Kaffeepflanzern sowie der katholischen Kirche. Die wenigen *Befreiungstheologen*, aber auch die wachsende Schar der Evangelikalen, galten als gefährliche Staatsfeinde. Nur noch ein paar Jahre, und es würde sich hier, unter eifriger Mithilfe der CIA, eine Militärjunta etablieren, die an die 200 000 Quiché-Indianer das Leben kosten sollte. Alles angebliche Kommunisten, die man auch schon mal aus Flugzeugen in die aktiven Vulkane des Staates hinunterschmiß.

Immerhin gab es in der Stadt eine Hauptpost, und da fand ich auch die Resultate meiner Abschlußprüfungen zum kalifornischen B.A. Ich hatte mit Auszeichnung bestanden. Das war angenehm, aber fühlte sich an, als wäre es Extrapost vom Mond. In Guatemala begann ich auch zu hungern, da meine G.I.-Schecks aus irgendeinem Grund hier nicht einzulösen waren. Ich ließ mich beim amerikanischen Konsul melden, besaß jedoch wie immer keinerlei Papiere. Schon gar nicht das Einreisevisum nach Guatemala. Aber wozu hatte man schließlich Jack London gelesen oder B. Traven? Ich erfand eine aufregende Story, wie man mich auf einen Ölpott geschanghait hätte, ausgeraubt, dann hier an der Küste abgesetzt. Der kreuzbrave Konsul, dem noch nie im Leben etwas Ähnliches untergekommen war, lieh mir außerdem zwanzig Dollar gegen das heilige Versprechen, sie ihm baldmöglichst zurückzuzahlen. Dazu hatte ich auch die feste Absicht und habe sie noch heute.

Zuletzt, nach langer Trampfahrt und noch längerem Fußmarsch, bin ich in dem schier unzugänglichen Indiodorf Todos Santos. Und zwar als Schützling eines Medizinmannes, den man hier *brujo* nennt, den Magier. Er ist auch der Lehrer. Für Kost und Logis erzähle ich den Schulkindern auf Spanisch (sie kannten es kaum besser als ich) von solchen Orten wie *Nueva York* oder *Vienna, Austria*. Kaum eines von ihnen hatte auch nur je eine Bahn oder ein Auto erblickt.

Abends, wenn ich in der Kühle durch das mondbeschienene Bergnest promenierte, folgte mir die Tochter des Zauberers, indem sie sich schüchtern von Baum zu Baum hinter mir herschlängelte. Sie war eines meiner Schulkinder, aber ihre gravitätische Anmut, unter dem rot und violett gemusterten Webzeug der Quichés, verriet schon die heranwachsende Frau. Sie streckte die Arme aus in einer schmachtenden Bewegung, fast ließ ich mich hineinsinken. Nur wußte ich ja: Die geringste Berührung, und ich wäre in ein Stammesgefüge eingebrochen, das diesen Menschen heilig war. Wer da nur spielen wollte, riskierte sein Leben. Im Morgengrauen krame ich lautlos mein Zeug zusammen und stolpere die abschüssigen Fußsteige hinunter und zur Zivilisation zurück.

Wieder in Mexiko, konnte ich dann endlich meinen Scheck einlösen und war ein gemachter Mann. Fast achtzig grüne Dollars, das brachte mich per Bus und Bahn zur amerikanischen Grenze, eingequetscht zwischen Bäuerinnen mit Hühnersteigen und auf den Rücken gebundenen Babys. Zuletzt waren meine Mäuse wieder alle, ich mußte trampen gehen. Ein schwarzes Ehepaar transportierte mich in einem VW-Käfer, den sie ungeheuerlich liebten (»*best thing the Nazis ever did*«) nach dem Hafenort Biloxi in Mississippi. Dort legte ich mich auf den warmen Sandstrand zum Schlafen. Wurde aber von dem üblichen Hilfssheriff unsanft wachgerüttelt: »*Ist Ihnen klar, daß das eine Niggerbeach ist?*« Auf der Polizeistation ließ man mich gnädig laufen, nicht ohne Warnung vor einem heraufkommenden Tornado.

Und tatsächlich, schon begannen die Leute ihre Fenster und Auslagen mit Holzbrettern zu verschalen. Da ich keine

Kohle für ein Hotelzimmer mehr besaß, bat ich die Polizisten um Unterkunft. Keine gute Idee. Ich ende in einer Zelle mit drei Seminole-Indianern. Von denen der älteste mir plastisch vorführt, wie er soeben eigenhändig (»*what a bitch*«) seine Frau erwürgt hat, natürlich wegen Fremdgehens: »*Jeder rotblütige Mann würde das Gleiche tun, du etwa nicht?*« Ich stimme bereitwillig zu, denn schon fuchtelt er gefährlich vor mir mit seinen Pranken. Am nächsten Morgen, der Wirbelsturm hatte glücklicherweise die Stadt verschont, bitte ich darum, mich zu entlassen. Der Wachthabende betrachtet mich spöttisch: »*Jetzt haben wir Wochenende, kein Captain im Haus. Vor Montag nichts zu machen.*« Damit wendet er sich zu einem Kollegen, und ich höre die beiden miteinander schwatzen.

Aber was ist das für ein *lingo*, in dem sie da herumalbern? Die Sprache kenne ich doch! Es ist Französisch, besser gesagt Kreolisch. Also das, wenn auch verballhornte, Idiom der französischen Ureinwanderer aus dem 17. Jahrhundert. »*Pardon, Monsieur*«, sage ich so Pariserisch wie möglich, und von da an war alles geritzt. Sie brachten mich sogar im Streifenwagen zum Ortsausgang, nicht ohne die unvermeidliche Kinosentenz: »*Laß dich hier nicht wieder blicken, Fremder!*« Ich hatte Besseres zu tun und streckte wie gehabt den Daumen in die Luft. Schon hält auch ein schwerer Laster, und der Fahrer winkt mir nicht unfreundlich zu: »*Wohin geht's denn, junger Mann?*« »*Heim*«, sage ich mechanisch. Ich hatte nur wieder einmal keine Ahnung, wo diese Heimat eigentlich lag.

Von Troller fotografiert: Clochard am Seineufer

DAMALS IN PARIS

Nichts ist schöner als Paris, es sei denn die Erinnerung an Paris.
Chris Marker

Ein Paris, das niemals existiert hat, außer durch die Kraft der Einsamkeit, meinem Hunger nach ihm.
Henry Miller

Das Frühjahr 1939 war strahlend sonnig, wie dieses ganze schicksalhafte Jahr. Im Frühjahr 1939 trafen wir in Paris ein. Ich, gerade 17 geworden, dazu beide Eltern. Wir trugen jeder ein Köfferchen in der Hand, und keine allzu schweren. Ein Koffer, das war alles, was uns an Besitztum geblieben war, auf der Flucht aus dem nazibesetzten Österreich. Nein, Mutter besaß immerhin noch ein Perlenhalsband, das ließ sich zur Not versetzen oder verscherbeln. Wurde es auch. Vater seinerseits hatte ein paar Scheine, in den Mantel eingenäht, illegal über die Grenze geschmuggelt. Und das war's dann. So liefen wir in Paris ein.

Ich mißtraute der Stadt auf den ersten Blick. Diese hohen Steinmauern dicht an den Schienen, bevor man im Ostbahnhof quietschend zum Stehen kam. Dieses Geschrei der Gepäckträger, der Kommissionäre, der Taxifahrer, die alle etwas an uns verdienen wollten, das man nicht hatte. Glücklicherweise fand sich ein *diable*, ein handgezogener Karren, der unser Besitztum hin zum Hotel Villedo transportierte. Wir trotteten nebenher. Das Villedo erwies sich als schäbiges Emigrantenhotel, nicht weit von der *Nationalbibliothek* gelegen. Wo damals wahrscheinlich Walter Benjamin saß und über den unerschöpflichen Kosmos Paris nachgrübelte, die Hauptstadt des 19. Jahrhunderts. Nur daß uns das jetzt weiter nichts einbrachte, denn wir saßen ja tief im Schlamassel des 20sten.

Natürlich mußten wir uns ein Zimmer zu dritt teilen. Und Mutter, die ihr Leben lang Hauspersonal beschäftigt hatte, briet uns Eier auf der Zentralheizung. Unten im Foyer hockten dann »unsere Leut« beim Schachspiel. Ich höre solche Ausrufe wie: »*Was liegt, das pickt*«, »*Schach, schächer, am schächsten*«, »*Der Bauer ist kein Spielzeug nicht*« und ähnlich Poetisches. Sie redeten unaufhörlich, als ließe sich nur durch Worte der tödliche Blitzstrahl hinauszögern, den sie alle erwarteten. Am gefährlichsten aber wirkte die Concierge des Hotels, eine verbissene Alte, die als Polizeispitzel galt und in ihrer *loge* hauste wie der mythische Drache in der Höhle. Das Haus schloß um zehn. War man verspätet, so hatte man zu klingeln und, wenn endlich eine unwirsche Antwort ertönte, die Worte »*Cordon, s'il vous plaît*« hineinzuflöten. Worauf das Schloß mit einem Seilzug aufgezogen wurde und durch den kreisrunden *judas* ein verschlafenes Auge die Lage mißgünstig sondierte. Vor allem, ob da nicht etwa jemand Verdächtiges, gar ein Frauenzimmer, sich mit einschlich.

Unser erster Gang führte notgedrungen auf die Stadtinsel zur Polizeipräfektur. Diesem trostlosen Purgatorium, das mich bis heute in Angst und Schrecken versetzt. Unergründlich, warum es den Zuständigen nie gelang, zwischen den gefürchteten *boches* jenseits der Grenze und uns zu unterscheiden, ihren hilflosen Opfern. Daher drängen wir uns in wilder Panik, hysterisch schreiend und gestikulierend, vor die wenigen Schalter, in denen über Tod und Leben entschieden wird, also Aufenthaltsgenehmigung oder Abschiebung. Waren wir »Bona-fide-Flüchtlinge« oder »Fünfte Kolonne«? Besaßen wir eigene Mittel, oder würden wir parasitengleich dem Staat auf der Tasche liegen? Jenem krisengeschüttelten Frankreich, das jetzt, nach dem Ende des Volksfronttraums von Léon Blum, aus einer Regierung zur anderen taumelte. Und so gar nichts mit uns abgehalfterten Gymnasiasten, Textilhändlern, Dichtern und sonstigen Arbeitswegnehmern anzufangen wußte.

Kaum diesem Irrgarten der Ämter entronnen, drängt es dich unwiderstehlich auf die Straße. Die Straßen von Paris! Fremd, fremd und doch irgendwie seelenverwandt. Auch Wien war eine Fußgängerstadt gewesen, eine Volksstadt. Auch Wien hatte diese durchlebte, historische Patina, die man gleichermaßen verehrte und verkommen ließ. Jetzt an vielen Ecken Akkordeon- oder Drehorgelspieler, die auch schon mal Partituren verteilten, um die Leute zum Mitsingen zu animieren. Auch streckte jeder in der ihm zugehörigen Tracht: Von den *aristos* und Landhausbesitzern in grünem Loden über die Filmfritzen in hellbraunen Kamelhaarmänteln bis hin zu den Zimmerleuten in schwarzem Velours oder den Fabrikarbeitern in »französischem Blau« und mit karierter Schildmütze. Die bretonischen Fischhändlerinnen trugen noch ihre turmhohen gestärkten Hauben, die Studenten Barette und dünne Bärtchen, die Literaten, zumindest die von früher, Vollbärte und wilde Krawatten, die Künstler Samtwesten und Schlapphüte, die Curés ihre schwarzen Soutanen. Auch der »Kaufruf« blühte hier noch, trotz großstädtischer Atmosphäre. Man sah wandernde Glaser, die fenstergroße Scheiben auf dem Rücken mit sich schleppten, Zigeuner als Scherenschleifer, Kesselflicker und sogar Vorführer von Tanzbären. Sowie allenthalben wortgewandte *camelots* (Straßenhändler), die den Passanten orientalische Teppiche, Brillen, Hüte, Schuhe, auch billige Lebensmittel wie Pferde- und Maultierfleisch anboten. Es gab sogar einen Wettbewerb zum *roi des camelots*, dem erfolgreichsten Straßenhändler. Und es gab, nicht mit ihm zu verwechseln, die *Camelots du roi*, die rechtsradikalen Anhänger der *Action Française*, die nur allzu bereit waren, mit den Nazis zu paktieren. Es gab alles in Paris und vorab natürlich die Pariser Frauen, mit Schick, Allüre, Mutterwitz – kurz mit dem, was man im jüdischen Wien den *Tam* genannt hatte. Und sie sahen sich auch nach dir um, diese Frauen. Anders als Wien war dieses Paris eine richtige Metropole, unmoralisch, frech, zerebral, dünkelhaft, ostentativ und auch furchteinflößend. Hier, so fühlte man, konnte alles passieren, alles wurde ausprobiert, alles ließ sich machen. Ja, die Stadt war sozusagen auf Sichausleben angelegt, dies schien geradezu ihr Lebenszweck. Und ungefähr das letzte, was dir in diesem Augenblick selber zustand.

Immerhin gab es als Trost *les petits zincs*, die kleinen Kneipen und Cafés, die jedes Straßeneck lebendig machten. Und wo man sich für ein paar Sous halbwegs zugehörig empfinden konnte. Viele von ihnen gehörten den *Auvergnats*, also Zuwanderern aus der ländlichen Auvergne. Die zumeist mit winzigen Läden für Kohle und Brennholz begonnen hatten, ergänzt durch Schnapsbutiken. Jetzt gab es hier im Zinc nicht nur die zahlreichen *apéros* (Aperitifs), in die man das Soda zu spritzen hatte, das in dicken Panzerflaschen auf jedem Marmortisch thronte. Sondern auch Rauchwaren, Zeitungen, Lotterielose und anzukreuzende Scheine für die populären Pferdewetten. Sowie das einzige, was ich mir leisten konnte, den billigen *café filtre*. Also ein Glas voll kochendem Wasser, obenauf ein rundes Sieb, mit Kaffeepulver beladen. Diese beiden Ingredienzien miteinander zu vermischen, ohne sich Rock und Hose anzusengen, ist eine Kunst, die du nie ganz lernen wirst, bis endlich die italienische Espressomaschine dieser Qual ein Ende setzt.

Hier in diesen gemütvollen Lokalen hat man vor allem umgänglich und witzig zu sein. Es wird auch viel geduzt, bis hin zu den *flics* genannten Polizisten. Ja, mit *vous* angesprochen zu werden gilt geradezu als Ausgrenzung. Man ist schließlich unter sich, lauter selbstbewußte *Parigots*, also was Besseres. Dazu ihr Bewunderer, der Dichter Joseph Roth: »*Zum ersten Mal bin ich erschüttert von Menschen und Straßen, mit allen bin ich heimisch, obwohl wir uns fortwährend mißverstehen, wenn es um Reales geht.*« Aber noch bin ich nicht weit genug mit meiner Sprache zum Mißverstehen. Während Vater sich anstrengt, die jüdischen Kürschner der *rue Vieille du Temple* mit Pelzhändlern in Böhmen oder Jugoslawien zusammenzubringen und sich damit eine minimale »Kommission« zu verdienen, wandere ich allein durch die Straßen, da mein Schulfranzösisch bei den Hiesigen meist nur ein mildes Lächeln hervorruft. Oder gar die fatale beschämende Korrektur: »*Ach so, Sie wollen sagen, daß ...*« Wobei man zwar etwas von der komplizierten französischen Sprachkunst geliefert bekommt, aber nicht, wo sich die nächste Metro befindet.

Glücklicherweise sind die Kinder weniger penibel. Im *Luxembourg* werfen sie dir ihre Bälle zu und solche gutgemeinten Fragen, die klingen wie: »*Usketüwa?*« Was nur »Wohin gehst du?« (»*Où est-ce que tu vas?*«) bedeuten kann, ein guter Anfang. Bald merkst du, daß die meisten Gespräche mit einer Handvoll genormter Bauteile zu bestreiten sind. »*Ça alors!*« »*Pas vrai!*« oder: »*Sans blague!*« drückt Verständnis für das aus, was man gerade nicht verstanden hat. Mit »*Un petit peu*« (»Ein kleines bißchen«), »*Je m'en fiche*« (»Ist mir egal«), »*À la guerre comme à la guerre*« (»Krieg ist Krieg«) und zur Not einem »*Merde alors*« kam man durch die meisten Situationen. Wenn ich mir auch einiges hier Gelernte später wieder abschminken mußte. So, beim Eintritt in eine Gesellschaft »*Messieurs dames!*« zu intonieren, beim Sichvorstellen »*Enchanté!*« (»Bin entzückt!«), beim

Beginn der Mahlzeit »*Bon appétit!*« Lauter kleine Fauxpas, die als unfein galten.

Die wichtigste Vokabel aber war damals *la famille.* (Und nichts schien mir so bezeichnend, wie daß kurz darauf Marschall Pétain seiner Vichy-Regierung das spießige Motto aufdrücken sollte: »Arbeit – Familie – Vaterland!«) Also: Aus welcher Familie kommst du, welcher politischen, welcher religiösen Familie gehörst du an? Auch dein Stadtviertel ist sozusagen Familie, das heimische Dorf! Da beklagt sich etwa ein Deputierter allen Ernstes, daß durch die neue erweiterte Brücke zur zentralen Insel Saint-Louis diese jetzt für *alle* zugänglich geworden sei! Und hat nicht der renommierte Autor und Akademiker François Mauriac (er stammte, wie er dich nie vergessen ließ, aus Bordeaux) bei einer Interviewfrage nach der historischen Bastille zur Antwort gegeben: »*Die Bastille? So weit bin ich nie gekommen.*« Auch mir selbst ist es damals mehr als einmal passiert, daß ich, auf meinen Wanderungen verirrt und zur Orientierung nach der Richtung Étoile oder Eiffelturm fragend, zur Antwort bekam: »*Das ist nicht mein Viertel.*«

Zurück zum Pariser Bistro. Dessen Beliebtheit zu dieser Zeit auch auf dem Umstand beruht, daß fast nur hier Eisgekühltes zu haben ist. Eisschränke kennt man ja kaum in dieser Stadt, wo nur ein Pariser unter vier überhaupt Fließwasser in der eigenen Wohnung besitzt, von Dusche oder Innentoilette gar nicht zu reden. Will man wirklich Eis beziehen, so wird es dir, von einem Pferdefuhrwerk aus, in Form von schweren Blöcken in die Wohnung geschleppt. Wo es, in einen gepanzerten Blechkasten verstaut, etwa eine Woche durchhält.

Sagte ich vorhin Toilette? Wenn nicht im Innern einer Luxuswohnung vorhanden, liegt sie üblicherweise draußen am Gang oder gar im Treppenhaus. Und besteht in der Regel, nach türkischem Gebrauch (*à la turque*), aus zwei schmalen Sockeln, wie griechische Kothurne, inmitten eines viereckigen weißen Beckens. Zieht man unvorsichtig die Wasserspülung, während man noch auf diesen Sockeln balanciert, so ... aber lassen wir das leidige Thema. Nicht ohne zu erwähnen, daß in den meisten Hotels und Restaurants das Klosettpapier aus zerschnittenen Zeitungen besteht. Manchmal noch so druckfrisch und abklatschbereit, daß es einst eine unglückliche Touristin bei der Leibesvisitation an der Grenze in Spionageverdacht gebracht haben soll. Ähnlich unappetitlich – was aber niemanden zu genieren schien – nur die öffentlichen *vespasiennes*, genannt nach einem römischen Kaiser, der sie angeblich zuerst eingeführt hatte. Auch direkt neben der Abtei von Saint-Germain-des-Prés stand einer dieser grünen Rundtürme, für Herren reserviert. Die durfte man immerhin gratis benutzen, während im Café eine *consommation* kaum zu vermeiden war. Und Geld hatte ich ja keins. Oft nicht einmal für die Metro, wo am Eingang jeder Plattform die gefürchtete Kontrolleuse hockte wie ein uniformierter Wachhund. Übrigens bestand in der Pariser U-Bahn damals ein Zweiklassensystem: Die feinen Pinkel saßen auf Kunstleder, wir anderen *prolos* auf Holz. Meist konnte ich mir auf meinen Erkundungsfahrten weder das eine noch das andere leisten, sondern nur den Bus. Dieser nämlich wies hinten eine offene Plattform auf, die der Schaffner mit der Knipsmaschine am Bauch bei Andrang nur selten kontrollierte. Die Kunst bestand darin, im Laufschritt hinten aufzuentern und gleichzeitig die fatale Kette zu lösen, die quer über dem Einstieg hing. Den Absprung vollführte man auf die nämliche Tour, alles gratis. Nur erwischen lassen durfte man sich nicht, denn gleich stand einer der unzähligen Pariser *flics* neben dir mit der Aufforderung: »*Vos papiers, Monsieur!*« Ein Satz, der mich bis heute in Wallung bringt, wo ich doch so gut wie alle Papiere der Welt besitze.

Nun, und wohin fuhr ich damals, wenn ich schon den Absprung wagte? Natürlich suchte ich zuerst die großen Boulevards ab, nach den berühmten *boulevardiers* mit Gamaschen und Spazierstöckchen, inzwischen leider längst verblichen. Auch die ruhmreichen Cafés am Montparnasse, *Dôme* und *Rotonde* und *Jockey* und *Dingo Bar* und wie sie alle bei Hemingway hießen, gaben seit der Wirtschaftskrise nichts Pittoreskes mehr her. Immerhin ließen sich noch die Künstlersiedlungen in der *Cité Falguière* oder *Impasse Ronsin* besuchen. (Gauguin hatte da gewohnt.) Sowie vor allem die *Ruche*, jener achteckige »Bienenkorb«, der einst ein Weinpavillon der Weltausstellung von 1900 gewesen war. Jetzt billiger Unterschlupf solch brotloser Künstler wie Chagall, Brâncuşi, Zadkine, Soutine. Sehr mochte ich auch das Kirchlein Saint-Séverin, mit gotischem Relief des heiligen Martin über dem Seitenportal, wie er für einen Bettler seinen Mantel zerschneidet. (Ich selbst besaß keinen Wintermantel.) Und wo gleich hinter der Pforte ein dickes Schreibheft auflag, in das man seine geheimsten Wünsche eintragen durfte: »*Für Muttis Gesundheit*«, las ich da, »*Um die Matheprüfung zu bestehen*« oder auch: »*Um die Bekehrung eines geliebten Juden*«. Ich selbst begann erst gar nicht mit meinen Wünschen, denn was ging mir nicht alles ab. Und zuallererst wohl die Identität mit mir selber, dieses Erzübel jeder Emigration. War es deshalb, daß ich die Stadt so rastlos durchstreifte, wie auf der Suche nach einem Schatten, der stets hinter mir lag?

Am liebsten aber waren mir die Markthallen. Wo es, schon Zola schwärmte davon in seinem *Bauch von Paris*, reichlich Weggeworfenes gab, um den meinen zu füllen. Sehr bewunderte ich die bärenstarken *forts des Halles*, diese untersetzten Gesellen in weiten Schlapphüten, die mit eisernen Haken ganze Rinderhälften aus Lastwagen herausstemmten und auf der Schulter zu den Metzgern trugen. Die Frauen ihrerseits protzten in vielfarbigen Kopftüchern hinter aufgestapelten Bergen von Obst und Gemüse. Und parlierten schlagfertig miteinander in einem Argot, mir noch unverständlicher als das übliche gequetschte Pariserisch. Alle schienen mir trotz der durchwachten Nacht gut gelaunt und lachlustig, in diesem gigantischen Wirrwarr von Verdaulichem. Zusammengehalten nur von den hochbeladenen zweirädrigen *diables* – dem einzigen Verkehrsmittel, das sich zwischen den Ständen, Fuhrwerken und Lastwagen durchzuwinden verstand, die hier zwischen Abend und Morgen das ganze Stadtviertel verstopften. Noch aufregender die *promeneuses* genannten Bordsteinschwalben. Die bis zur Treppe der gewaltigen Kirche Saint-Eustache (nach Notre-Dame die zweitgrößte der Stadt) herumstrichen und auch mir verführerisch zulächelten. »*Tu viens, frisette?*« (»Kommst du, Lockenkopf?«) lautete dann vielleicht die Anmache. Die dich armen Hund mit gesenktem Kopf stumm weitertrudeln läßt.

Natürlich mußt du auch zum jüdischen Ghetto. Gelegen im historischen Viertel Marais rund um das »Pletzl« an der *rue des Rosiers*, der Straße der Rosensträucher. In den Kellern Reste von alten Stadtmauern, oben nicht weniger betagte bärtige Gestalten, nur selten Jugendliche. Denn, wie man dich gleich in der koscheren Delikatessenhandlung *Chez Goldenberg* aufklärt: »*Die nächste Generation wohnt schon im noblen Neuilly. Und die übernächste läßt sich adeln.*« Dazu die unvermeidliche Anekdote, zugeschrieben dem beliebten jüdischen Bühnenautor Tristan Bernard: Dieser sei bei solch feinen Aufsteigern zu Tisch gewesen, wo denn der galonierte Diener die hochgestellten Gäste der Reihe nach ansagte: »*Monsieur le Baron et Madame de Rothschild, Monsieur le Comte Cahen d'Anvers, Maître de Bloch, Monsieur de la Ginzbourg, Monsieur le Président Lévy*« usw. Zuletzt kommt ein bescheidener Monsieur Dupont. Dazu der Dichter ironisch: »*Diese Katholiken, überall müssen sie sich vordrängen!*« (Knapp drei Jahre später hat ihm vor drohender Deportation durch die Deutschen sein Konkurrent und Intimfeind Sacha Guitry das Leben gerettet ...)

Im Viertel Marais fand ich auch meinen ersten Freund. Er hieß Pierrot und arbeitete in dem Schwitzbad Hamam. Als Freund hieß man nicht etwa *ami*, wie in meinem Schulfranzösisch. Sondern *copain, pote* oder – falls man Kommunist war, wie damals fast die gesamte Arbeiterschaft – *camarade*. Pierrot hatte, anders als ich, seine Mannbarkeit bereits unter Beweis gestellt. »*Je l'ai baisé*«, verkündete er stolz, auf eine grobknochige Servierdame Chez Goldenberg weisend. *Baiser* (oder *bise*), das war ein Kuß, dies hatte ich immerhin schon gelernt. Das andere, von mir Unerprobte, mußte wohl *embrasser* heißen, »umschlingen, umarmen«. Verzweifelt versucht Pierrot, mir klarzumachen, daß es sich hierzulande gerade umgekehrt verhält: Erst kam das *embrasser*, dann das *baiser*, auch *tirer un coup* genannt.

Anschließend will Pierrot, frisch ins Verpönte eingetaucht, mir die Pariser Unterwelt vor Augen führen. Diese fand vorab in »Apachenkellern« statt. Wo schwere Jungs, in gestreiften Trikots und mit Schlägermützen über der Schmachtlocke, ihre Miezen wild im Java umherschwenkten und sie anschließend verprügelten, alles für Eintrittsgeld. Auch gab es Straßen, wie die *rue Pigalle* oder die unaussprechliche *rue Quincampoix*, wo die Dirnen, *poules* oder *filles* geheißen, halbnackt in düsteren Tavernen hockten. Und, wenn man vorbeikam, leise und verführerisch gegen die Scheiben pochten. »*Nicht geschenkt*«, behauptet Pierrot. Schleicht sich dann aber doch hinein, nachdem er seine »*sous*« auf der Handfläche abgezählt hat, und läßt mich souslos auf der Straße zurück. Vielleicht zu meinem Glück. Denn hatte nicht einst mein Freund Hansl auf seiner »Maturareise« nach Paris sich dort eine Krankheit geholt, die nachher – offiziell als Blinddarmentzündung getarnt – Monate zu ihrer Ausheilung brauchte? Und erzählte man sich nicht auch, daß die Einwanderungsbehörde der Amerikaner, sollten wir es je bis zu ihnen schaffen, jeden Kranken unweigerlich nach Europa zurückexpedierte?

Auch zu den anderen Märkten zog es mich. Da war die malerische *place d'Aligre* im Osten. Da waren, gesäumt von »Händlern der vier Jahreszeiten«, am linken Ufer die historische *rue Mouffetard* und die *rue de Buci*. (Der junge Rimbaud hatte da gehaust.) Und im Norden die steile *rue Lepic*, die stracks zum Montmartre führte. Hier konnte man auch gratis an Volksvergnügungen teilnehmen, wie dem beliebten Wettrennen der Kellner. Die im Eilmarsch ein hochbeladenes Tablett die *rue Lepic* bis hinunter zur *place Blanche* balancieren mußten, ohne einen Tropfen zu verschütten.

Viel Aufregendes hatte ich mir vom Montmartre versprochen. Aber dieser »Märtyrerberg« erschien mir denn doch seit seiner großen Zeit ins allzu Dörfliche zurückgesunken. Gab es da nicht sogar einen ganzen Bauernhof mit Schafen und Ziegen? Sowie einen Weinberg, der immerhin nur von den *poules* des Viertels abgeerntet werden durfte. Auch einen Laternenanzünder (*gazier*) sah man noch mit der Stange in der Hand, der die *lampadaires* der engen Gassen mit leisem Plop grünlich aufleuchten ließ. Aber von den sagenhaften Künstlerlokalen der letzten Jahrhundertwende schien kaum mehr etwas übrig. Und die »anrüchigen« Chansons, die im *Moulin de la Galette* oder dem *Lapin Agile* vorgetragen wurden, wie etwa *Nini mit der Hundehaut*, hätten kein Schulmädchen mehr zum Erröten gebracht. Besser schon gefiel mir, in einer unheimlichen Sackgasse versteckt, das Schauertheater *Grand Guignol*, in dem die Gespenster herumwieselten und das rote Blut nur so durch die Gegend spritzte. Und dessen letzten Seufzer ich nur wenige Jahre später fürs Fernsehen aufnehmen durfte. Das Haus hatte eben weder mit den blutrünstigen Hollywood-Thrillern konkurrieren können noch mit der Realität von Gestapokellern.

Und diese machte sich nun wieder einmal daran, mich einzufangen. Schon hatte *Monsieur le Ministre du Reich, Monsieur de Ribbentrop* (wie höflich man auf einmal wurde) den zehnjährigen Freunderlvertrag mit Väterchen Stalin abgeschlossen, dem *petit père des peuples* ..., als auch schon der geplante Blitzkrieg über Europa hereinbrach. Allerdings vorläufig hier in der trügerischen Form einer *drôle de guerre*, eines »komischen Krieges«, der bis zum Mai 1940 andauern sollte. Immerhin wurden jetzt quer über das Marsfeld Splittergräben gezogen, türmten sich Sandsäcke um den Triumphbogen. Alle Unterführungen waren mit einemmal gesperrt, alle Fahrstühle stillgelegt. Dann wiederum ein Regierungswechsel, diesmal, wenn ich mich recht erinnere, mit General de Gaulle als Wehrminister. Der als einziger, zumindest seit dem Polendebakel, eine Ahnung von moderner Strategie zu haben schien. (Er konnte sich nicht durchsetzen.) Jetzt wurde schlagartig ein Großteil der Pariser Taxis und Autobusse requiriert, um die Infanterie beweglicher zu machen, woran bisher offenbar niemand gedacht hatte. Allenthalben marschieren Soldaten in »Horizontblau« durch die Gegend und sehen denen von anno 1914 verzweifelt ähnlich. Mit schweren Filzmänteln trotz der Hitze und unzähligen Umhängebeuteln für Mundvorrat und Rotwein – Reminiszenzen aus großer Zeit.

Inzwischen hatte man uns Emigranten längst als »feindliche Ausländer« enttarnt und in Dutzende Internierungslager gestopft, wo wir tatenlos auf Stroh dahinmoderten – unser einziger Ausweg die freiwillige Meldung zur Fremdenlegion. Es waren schließlich die Nazipanzer, die uns ungewollt befreiten. Mit ein paar Kameraden setzte ich mich ab zur Kanalküste, Richtung England, leider zu spät. Danach wendeten wir uns südwärts nach Paris. Die übrigen Internierten, die befehlsmäßig im Lager zurückgeblieben waren, endeten zumeist, über solche verräterischen Zwischenstationen wie Gurs oder Drancy, in Auschwitz.

Es war Ende Juni 1940, als ich nach langer Irrfahrt wieder in Paris eintraf, jetzt widerstandslos von den Deutschen besetzt. Schon am Stadtrand nahm mich ein Straßenhändler in Empfang, der mir die neue Landkarte Frankreichs unter die Nase hielt: Elsaß-Lothringen war wieder einmal futsch, der traurige Rest zweigeteilt. Oben das industrielle Frankreich fest im deutschen Griff, die großenteils ländliche Südhälfte gehörte zum Kasperlestaat von Vichy. Wobei der neugebackene Judenfresser (und Erfinder des Begriffs *collaboration*) Pierre Laval das große Wort führte. Ein ehrgeiziger Provinzpolitiker, über den das Spottwort umlief: »*Napoleon hat einmal seinen Außenminister Talleyrand einen ›Scheißhaufen in Seidenstrümpfen‹ genannt. Monsieur Laval besitzt keine Seidenstrümpfe.*«

Paris erwies sich als menschenleer, die halbe Bevölkerung – hier spielte die Propaganda des Ersten Weltkriegs eine Rolle – voll panischer Angst in den Süden geflohen. Dafür gestiefelte *Fritzen* (oder *Fridolins*) auf allen Caféterrassen der Boulevards und der Champs-Élysées. Schon hatte man eilfertig Sprach- und Reiseführer für sie gedruckt, vorneweg Eiffelturm und Louvre, hinten die einschlägigen Sexlokale. Und die Mädchen boten sich ihnen dar, den Siegern – ganz wie das übrige Land, so wollte mir scheinen. Denn das war ja der geheime Kern, der mythologische Knoten dieses neuen Verhältnisses: Deutschland als Mann, Frankreich als Frau, die sich ihm hinzugeben hatte, das war ihr Schicksal und ihre einzige Chance. Und die schändliche Niederlage eine Art göttliche Fügung, eine verdiente Strafe für vergangenes Sichgehenlassen und Leichtlebigkeit. Wozu eben auch die verflossene »jüdische« Volksfrontregierung gehört hatte, mit ihrer unmöglichen Vierzigstundenwoche und bezahltem Urlaub. Und schon gab es einige Intellektuelle, die begrüßten in ihren Blättern dieses siegreiche Hitlerdeutschland sogar als poetisches Übermenschentum, als *poème barbare* ... Der eine Satz jedoch, den man überall zu hören bekam, war: »*On nous a eus*«, »Man hat uns verkauft.« Verkauft und verraten sahen sich die Millionen Soldaten mit ihrer mangelhaften Bewaffnung, von denen es so viele bei dem herrschenden Durcheinander (*pagaille*) erst gar nicht zur Front geschafft hatten. Vor allem aber fühlten sich die Arbeiter hintergangen, nicht nur von der eigenen bürgerlichen Regierung, sondern auch von der vielbewunderten UdSSR, deren Bruderkuß mit den Nazis den ungewollten Krieg überhaupt erst ausgelöst hatte.

Schlagartig veränderte sich jetzt das Straßenbild. Die Autos waren durch Fahrräder und Velotaxis ersetzt oder trugen stinkende Holzgasgeneratoren auf dem Dach. Lebensmittel waren rationiert, der Fettgehalt des Camembert sank auf null Prozent, was noch als Beitrag zur Volksgesundheit gepriesen wurde. Hingegen blühte der Schwarze Markt, blühten auch die Unterhaltungslokale. Die Theater, die Kinos, die Nachtklubs waren überlaufen, wobei der Film *Jud Süß* oder die Ausstellung *Der ewige Jude* im Palais Berlitz geradezu Rekorde erzielten. Die großen Maler – außer den jüdischen natürlich – stellten aus wie eh und je. Oder reisten (Braque, Derain, Van Dongen) zu wohlorganisierten Empfängen nach Deutschland. Allenthalben Künstlerpartys und Gesellschaftsabende, gern von Hauptmann Ernst Jünger besucht. Und so konnte der Photograph Jacques-Henri Lartigue von einem Empfang im Maxim's berichten: »*Unglaublicher Andrang. Man sagte mir, Paris sei erschüttert. In Wirklichkeit hat es sich nicht mehr verändert als eine Frau, die ihr Kleid wechselt.*«

Inzwischen halten die Besatzer alles in der Hand, was ihnen irgendwie brauchbar erscheint. Das Parlamentsgebäude dient der Militärregierung, das Hotel Majestic der Propaganda. Das Palais du Luxembourg der Luftwaffe. Andere Dienststellen besetzten die großen Hotels, wie das Ritz oder das Bristol. Die Gestapo foltert in den Badewannen des Hotels Lutetia sowie in dem Gefängnis Cherche-Midi nahebei (wo einst Dreyfus eingesessen hatte). Na, und der halbe Opernplatz gehörte ohnehin ihnen. Hitler selbst läßt sich schon am frühen Morgen des 28. Juni 1940 im offenen Wagen von der Oper über den Triumphbogen zum Trocadéro chauffieren, begleitet von seinen zwei Lieblingsgigantomanen: dem Architekten Albert Speer und dem Bildhauer Arno Breker. Und posiert für die Nachwelt im weißen Feldherrnmantel der Habsburger ... eine ausgeklügelte Rache.

Großer Andrang auch vor den Modeläden, wollte doch jeder Soldat seiner Braut daheim ein paar Pariser Schühlein oder Seidenstrümpfe spendieren. (Noch Erwin Rommel, damals Oberkommandierender des Atlantikwalls, versäumte vier Jahre später den Tag der Invasion, da mit einem Paar roter französischer Schuhe zu seiner Frau unterwegs.) Außerdem waren sie Kunstliebhaber, die Besatzer. Sie saßen hinter Staffeleien am Montmartre und pinselten die pittoresken Gassen. Sie kauften Umschläge mit Kunstpostkarten vor dem Louvre, obenauf Leda mit dem Schwan, dahinter Eindeutigeres. Sie besuchten den Triumphbogen, Notre-Dame und den Invalidendom. Und hatte nicht Hitler persönlich Weisung gegeben, daß die Asche des Herzogs von Reichstadt, des Napoleonsohnes, von Wien in ebendiesen Dom überführt werden sollte? Dazu ein typisches Pariser Witzwort (*boutade*): »Bitte weniger Asche, mehr Kohlen!«

Außerdem bezahlten sie bar, wenn auch nach dem künstlichen Wechselkurs von eins zu zwanzig, der ihnen praktisch die ganze Wirtschaft auslieferte. »*Ils sont corrects*«, hieß es mit erleichtertem Stoßseufzer. Auch die Concierge des Wohnhauses an der *rue Monge*, wo wir Unterschlupf gefunden hatten, fand sie korrekt. Und proper. Und fein herausgemacht. Sah man nicht auch allenthalben auf Plakaten diesen netten blonden Landser, drei französische

Racker am Zipfel, dazu der Text: »*Verlassene Bevölkerung, habt Vertrauen zum deutschen Soldaten!*«? Und dieselbe Anweisung enthielten auch die neuen Blätter, die jetzt wie Fliegenpilze aus dem Boden schossen: Sie hießen *Au pilori* (»An den Pranger«) oder *Heute* oder *Ich bin überall*, was schon gefährlich nach Gestapo roch. Und sie zeigten am liebsten uns! Also knollennasige *youpins*, die aus dem zusammenstürzenden Parlament oder aus der Börse herauswieselten wie die Ratten. Auch an den Hauswänden sah man immer häufiger die Aufforderung: »*Mort aux Juifs*«. Eines Abends ging ich mit meiner Mutter in die klassische *Comédie-Française*, die auch schon länger wieder geöffnet hatte, und was stand dort hingekritzelt? »*Die youpins sind die Könige von Frankreich und von Navarra.*« Wenn man bloß gewußt hätte, wo dieses unser Königreich zu finden war! Das Stück erwies sich übrigens als eine moderne Hafenromanze, *Der Dampfer Tenacity*. Und als in einer Episodenrolle dieser britische Matrose mit dickem Akzent auftrat, um zur Abfahrt des Schiffes zu blasen, gab es mit einemmal donnernden Applaus im Publikum. Immerhin, so schnell war der Bundesgenosse von jenseits des Kanals denn doch nicht vergessen!

Im übrigen führte ich drei Leben gleichzeitig, sogar verhältnismäßig angstfrei, da hier die Judengesetze noch nicht in Kraft waren. Morgens stand ich Schlange in der benachbarten Marktstraße *rue Mouffetard*. Der berühmten mittelalterlichen »*Mouffe*« – ihr Name mußte etwas mit dem muffigen Geruch verfaulter Lebensmittel zu tun haben. Oder auch der Clochards, die der Straße erst ihr Pittoreskes gaben, bis hin zu ihrem Hauptquartier, der *place de la Contrescarpe*. Einst Wohnsitz von Verlaine und auch von Hemingway, aber das lernte ich erst Jahre später. Eine gute Stunde hieß es nun warten vor jedem der zunehmend unfreundlichen Lebensmittelhändler, um die kargen Rationen zu ergattern, die uns noch zustanden. Hundert Gramm Reis im Monat, 300 Gramm Margarine, und das in einem Land, dessen Bevölkerung damals zur Hälfte aus Bauern bestand. Es ging eben alles hinaus ins Reich. Das einzige, worauf man dort anscheinend keinen Wert legte, trug solche eigentümlichen Namen wie *rutabaga* oder *topinambour*. Das eine mußte wohl Kohlrüben bedeuten, das andere die Knolle von irgendwelchen Sonnenblumen, jedenfalls schmeckte beides scheußlich. Nachmittags eilte ich dann in die *rue Madame* zu meinem Buchbinderlehrgang. Und nachts, ja nachts begannen meine eigentümlichen Wanderungen durch Paris, die ich nie ganz beschreiben könnte. Die Stadt war ja verdunkelt, der wenige Verkehr längst zum Stillstand gekommen. Alles schien wie verzaubert in diesen Vierteln der krummen und konfusen Gäßchen, der baufälligen Häuser, der verborgenen Treppen und Hinterhöfe, der geheimnisvollen Durchgänge und Passagen. Allem mir vom Tage her Bekannten wich ich aus, ich konnte mich gar nicht schnell genug verirren. Es waren Expeditionen, Entdeckungsreisen unterm Mond, quer durch dieses Dschungel-Paris, das unauslotbare. Was ich damals dort suchte, ich kann es kaum mehr nachvollziehen. Vielleicht nur ein bißchen Wildheit, nach neun Monaten Internierung. Vielleicht aber auch die Entsprechung, in altersgrauen Fassaden, dieser niedergedrückten Stimmung, in die mich die Verbannung aus der Heimat versetzt hatte, und die so unaufhaltsamen Siege unserer Verfolger. Ja, Verfall war es wohl, was ich damals gesucht habe. Aber gleichzeitig die Poesie dieses Verfalls, der ja auch ein symbolischer war. Aus den vielen Gedichten, die ich in diesen Nächten hingekritzelt haben muß, ist mir nur noch ein Fragment in Erinnerung:

In den Mauern Falten, Spalten,
drüber Klammern, die sie halten.
Tüncheschichten, gleich den Schinken,
Feingeschnitten, klaffen offen,
zeigen überschminkte Schminken.

Und doch, dies war ja auch Bewunderung, dies war Liebe. Ich glaube, zum ersten Mal empfand ich echte Zugehörigkeit zu dieser von mir erlaufenen Stadt. Sie hatte mich aufgenommen, sich mir unverstellt gezeigt, weniger mit ihren Prachtbauten als, so schien mir, mit ihrem Intimsten, ihrer verkommenen Seele.

Erst knapp vier Jahre später war ich wieder bei ihr, meiner Stadt. Diesmal als amerikanischer Soldat, Mitglied eines Teams von Gefangenenvernehmern. Wir hatten Nordafrika »gemacht«, Italien, Frankreich ... nun saßen wir im Elsaß fest, dicht vor der deutschen Grenze. Nichts rührte sich an der Front, die *Krauts* hatten scheinbar ihre letzten Reserven herangeholt, um uns aufzuhalten. Und natürlich gab es auch keine Gefangenen. »*Vor Schneeschmelze nichts zu wollen*«, meinte Lieutenant Kramer. Ich fragte mich und dann ihn, ob da nicht vielleicht ein paar Wochen Urlaub drin wären, sagen wir: nach Paris? Das ja schon vor einigen Monaten befreit worden war, erst durch die eigene Bevölkerung, unter Anführung, zu meiner Verblüffung, der Polizeipräfektur. Und danach von der Zweiten Französischen Panzerdivision unter Leclerc, dem unsere Armeeführung anstandshalber ein paar Tage Vortritt gelassen hatte (was in der französischen Geschichtsschreibung nicht weiter aufscheint).

So fuhr ich per Anhalter über die *porte de la Chapelle* in Paris ein. »*Where ya going, buddy?*« fragte mich der schwarze Lastwagenfahrer. Da mir absolut nichts Neues einfiel, landete ich im Hotel Villedo seligen Angedenkens. Es war jetzt stark heruntergekommen und überfüllt mit Heimkehrern aus Gefangenenlagern, Kazetts und deutscher Zwangsarbeit. Erschreckende Elendsgestalten – so abgenutzt, wie mir die ganze Stadt erschien, vielleicht weniger in ihrem Aussehen als in ihrem Geist. Immer hatte sie in der Vorhut gestanden, hatte für Aufgaben gelebt, sich als repräsentativ empfunden für irgendeine Mission des menschlichen Fortschritts. Jetzt schien sie mir moros und gallig, voller Skeptizismus und Ressentiments. Auch wimmelten die Straßen von jungen Burschen mit umgeschnallten Pistolen und gelben Armbinden, darauf die Buchstaben »*FFI*«. Also *Forces françaises de l'interieur,* »Innerfranzösische Streitkräfte«. Von denen wir allerdings an der Front nur wenig gesehen hatten. (Über ihren tapferen Einsatz im Vercorsgebirge und anderswo hörte man erst später.) Jetzt waren sie offenbar in ihrer Mehrzahl damit befaßt, Kollaborateure der verflossenen Besatzungszeit auszuheben. Naziliebchen, besonders solchen mit Soldatenkindern, wurden auf offener Straße die Köpfe rasiert, andere schleppte man unter Triumphgeheul zur Präfektur, wo sie wahrscheinlich in jene lichtlosen Kohlenkeller gestopft wurden, in denen vier Jährlein zuvor so viele Emigranten gelitten hatten.

Die ganze Stadt war eine einzige Gerüchteküche. Und eine der Chefköchinnen schien die neue Concierge unseres Hotels zu sein, die mehr Zeit auf der Straße verbrachte als beim Treppenfegen. Auch sie gehörte offenbar zu den FFI. »*Haben Sie schon gehört? Maurice Chevalier ist verhaftet, weil er in Deutschland gesungen hat. Und Arletty, die große Schau-*

spielerin! Sie hatte ein Verhältnis mit einem Offizier der Luftwaffe, stellen Sie sich das mal vor!« Worüber natürlich der freche Wortwitz nicht zu kurz kommen durfte, die berühmte *gouaille*, dafür lebte man schließlich in Paris. Denn hatte Arletty (einige Monate später war sie weltberühmt dank ihrer Hauptrolle in den *Kindern des Olymp*) nicht auf die Frage des sie verhörenden Widerständlers, wie sie sich jetzt fühle, geantwortet: »*Nicht sehr widerstandsfähig*«? Noch sprichwörtlicher geworden ist ihr frecher Satz: »*Mon cul est à moi!*« – »Mein Hintern gehört mir!« Auch Frankreichs jüngster Filmstar ist verhaftet worden: Corinne Luchaire, immerhin die Geliebte – außer Goebbels', Cianos und anderer Größen – des deutschen Nazibotschafters in Paris, Otto Abetz. Nach welchem notabene die berüchtigte »Liste Otto« benannt war, die nicht nur sämtliche jüdischen Autoren verfemte, sondern die ganze Blüte der französischen Literatur. Darunter solche Namen wie Malraux, Claudel, Duhamel, Loti, Aragon ... sowie auch Hitlers *Mein Kampf*! Anscheinend, weil der Verfasser hier allzuviel von dem ausplauderte, wie er Frankreich nach dem Endsieg zu behandeln gedachte. Über 2 000 Tonnen dieser eingezogenen Bücher sollten in einem Speicher an der *avenue de la Grande Armée* lagern, der allerdings meines Wissens nie aufgefunden wurde.

Und wie viele *collabos* waren es, die bei diesen wilden Racheakten ihr Leben lassen mußten? Von zehn- bis zwanzigtausend spricht die schadenfrohe Concierge, und noch ist kein Ende abzusehen. Viel verzweifelter Wunsch nach Neuanfang muß in diesen Vergeltungsaktionen stecken. Aber nicht weniger schlechtes Gewissen, das sich reinwaschen will. Jeder Franzose ein geheimer Widerständler, das hat auch General de Gaulle bei der Befreiung seinen Parisern suggeriert. Ein schlauer Schachzug, der ihm ihre dauernde Anhängerschaft sichern sollte. Allerdings: Hatte nicht, wenige Monate zuvor, ein offizieller Besuch von Pétain und Laval im besetzten Paris den gleichen Jubel gezeitigt wie nun die Befreier? Und waren es nicht am Ende die gleichen Jubler?

Ich selbst, verängstigter *apatride* (Heimatloser, Paßloser) von ehedem, schwimme jetzt obenauf in meiner G.I.-Uniform. Ein Luxustourist mit allerhand *scrip*, also Besatzungsdollars in der Tasche. Aber natürlich zieht es mich sofort ins *Chez Hansi*, das elsässische Lokal mit Würsten und Sauerkraut. Nur daß gerade beim ersten Bier der Patron von irgendwelchen jugendlichen Heroen abgeholt wird, weil er anscheinend während der Besatzungszeit ein Schild »*Deutsches Lokal*« an seine Tür gehängt hat. Ein Vergehen, auf das jetzt die Todesstrafe steht! (Nicht belangt wurde hingegen das *Casino de Paris*, vor dem ich seinerzeit eine andere Tafel gesehen hatte: »*Hunden und Juden ist der Zutritt verboten!*«) Und wer erinnerte sich noch der Lobhudelei, mit der einst Hitlers Lieblingskünstler (und Schöpfer öder Kolossalstatuen) bei seiner Pariser Vernissage umgarnt worden war: »*Ich grüße Sie, Arno Breker. Ich grüße Sie als einen aus der hohen Heimat der Poeten*« usw. Der Schmeichler hieß leider Jean Cocteau. Über Breker fand damals der witzige Sacha Guitry das einzig zutreffende Bonmot: »*Wenn alle diese Riesenleiber einen Ständer hätten, dann gäbe es keinen Platz mehr, um sie zu betrachten.*« Allerdings saß auch Guitry inzwischen in Untersuchungshaft wegen Kollaboration, weil er seine geistreichen Gesellschaftskomödien unter den *boches* hatte spielen lassen. Aber hätte man nicht aus dem gleichen Grund jetzt auch Camus verhaften können oder gar Jean-Paul Sartre? Dessen *Fliegen* 1943 und dessen *Geschlossene Gesellschaft* 1944 uraufgeführt wurden, ohne daß jemand im Publikum (darunter deutsche Kritiker) das angebliche Widerstandsthema herausgespürt hätte? Sartre und Simone des Beauvoir sehe ich einmal ganz kurz im *Café de Flore*, dicht an den dicken Holzofen geschmiegt, der in diesen Mangelzeiten die beste Heizung von Paris bot. Sartre hauste damals in dem Künstlerhotel *La Louisiane*, schrieb aber acht Stunden täglich im *Flore*. Und zwar, sehr zum Mißvergnügen des Unternehmens, hinter einer einzigen Schale Filterkaffee ...

Und dann erreichte mich der lang erwartete Anruf von der Front. Die *Krauts* unter General Rundstedt hätten überraschend eine Offensive gestartet. (Eigentlich wäre es genau unsere Aufgabe gewesen, das herauszufinden.) Jetzt hatten sie unsere allzu dünnen Linien eingedrückt, und man solle gefälligst seinen Arsch in Bewegung setzen und per Anhalter zum Team zurück. Als ich eintraf, war alles in voller »Absetzbewegung« (wie das bei den *Krauts* genannt wurde), wir mußten *bugger off* (wie es bei uns hieß), so schnell unser maroder Jeep uns trug. Wir zogen uns zirka dreißig Kilometer zurück. Der gesamte deutsche Angriffskeil kam aber erst bei Bastogne, tief in Belgien, zum Stehen. Wo unser General McAuliffe die Aufforderung der Nazis, die Stadt kampflos zu übergeben, mit dem berühmten und ihnen unverständlichen Wort »*Nuts!*« (also: »Quatsch«) beantwortete.

Paris sah ich erst fünf Jahre später wieder, diesmal endgültig. Inzwischen war ich weiter Soldat gewesen, Besatzer in München, Student in Kalifornien und New York, ja sogar, einen unvergeßlichen Moment lang, in Wien. Dem »Hoamatl«, das ich anscheinend noch immer irgendwie liebte, das sich aber nicht durchringen konnte, mich zurückzulieben. Und dann gewann ich ein amerikanisches *Fulbright-Stipendium* nach Paris. 150 grüne Dollars in bar monatlich, damals ein kleines Vermögen. Das Hotel Villedo war inzwischen zu Staub geworden, also begab ich mich zum amerikanischen Überseeklub, der Mietwohnungen vermittelte. Gleich die erste lag ideal am »boul' Mich«, dem *boulevard Saint-Michel,* der Hauptschlagader des Studentenviertels. Die Concierge bringt mich die Treppe hoch Richtung vierter Stock, Schlüsselbund in der Hand. »*Sûr que vous êtes Américain?*« fragt sie argwöhnisch, »Sind Sie bestimmt Amerikaner?« »*Vous n'avez pas l'air Américain!*« Es war wieder einmal die alte Leier: Ich sah nicht aus wie erwartet, schon gar nicht wie Gary Cooper oder Clark Gable, eher das Gegenteil. Im dritten Stock ließ sie dann wie zufällig die ganzen Schlüssel das Treppenhaus herunterklirren: »*Sehen Sie, das Schicksal ist gegen uns. Besser, Sie suchen sich was anderes.*« Ich fand Unterschlupf in der *rue des Écoles* im Hotel d'Orléans. Nur wenige Schritte von der Statue des sitzenden Philosophen Montaigne entfernt, mit seinem berühmten glatten Zeh. (Es war Usus unter den Studenten der benachbarten Sorbonne, den Zeh zu küssen.) Übrigens existiert das Hotel noch heute, wenn auch unter einem vornehmeren Namen. Ich bewohnte als Dauergast eines der zwei Dachzimmer im siebenten Stock ohne Aufzug, aber mit einem minimalen Balkon. Auf dem Nebenbalkon sah ich hin und wieder einen nachdenklichen jungen Mann, der schweigend auf Paris herunterstarrte. Ein einziges Mal rief ich ihn an, aber er verschwand wortlos und irgendwie verstört. Es war, wie ich Jahre später bei einem Gespräch herausfand, der Dichter Paul Celan.

Ich schrieb mich an der Sorbonne ein, Studiengang

wie gehabt: Vergleichende Literatur. Nur daß es hier, im Gegensatz zu Amerika, keinen »Prof« gab, der uns beim Namen kannte oder zu Polemik aufrief. Die Hörsäle glichen riesigen chirurgischen Amphitheatern, angestopft mit Hunderten von Studenten, die auch sämtliche Stufen besetzten, sogar die Fensternischen. Während uns weit unten der Dozent sein Manuskript vorleierte, so brüchig, daß beim Umblättern die Seiten zerbröckelten. Ich verabredete mich mit meinem Doktorvater, einem angesehenen Germanisten. Er sprach: »*Ein Doktorat an der Sorbonne dauert im Normalfall drei bis vier Jahre. Danach haben Sie eine Doktorarbeit von tausend Seiten vorzulegen und zu verteidigen. Außerdem ist es bei uns üblich, eine kleinere Nebenthese von 300 Seiten zu verfertigen, betreffend das Lieblingsfach Ihres Mentors. Ob Sie in dieser Zeit irgendwelche Vorlesungen besuchen wollen, ist Ihre Sache.*« Ich rechne mir aus, daß ich nach Ablauf dieser Frist weit über dreißig sein würde, ein Oberlehrer in irgendeiner französischen Provinz. Ich ging nie mehr hin.

Aber was anfangen mit dem sich rapide verkürzenden Rest meines Lebens? Vage empfinde ich, daß ich in irgend etwas einsteigen muß, das mit Sprache zu tun hat. Und möglichst etwas Lebendiges, bitteschön. Vielleicht Journalist? Aber was verstehe ich schon vom damaligen Paris, zu der Zeit sozusagen der geistige Nabel der Welt? Ich beschließe, meine muffigen Emigrantenkoffer nun endgültig auszupacken und mich zu dieser Stadt zu bekennen. Aber zuerst muß ich natürlich meine hiesige Lebensberechtigung erweisen. In der Polizeipräfektur geht es jetzt etwas menschenfreundlicher zu, wenigstens für Frankreichs Befreier. Natürlich schlägt der Zuständige zuerst in dem mir wohlbekannten hölzernen Zettelkasten nach: »*Aus unseren Unterlagen geht aber hervor, daß Sie bereits vor zehn*

Jahren aus Paris ausgewiesen wurden.« Schon verspüre ich den altvertrauten Krampf in der Magengegend, da fährt er mit verbindlichem Lächeln fort: »*Na, dann wollen wir mal.*« Und zerreißt den Wisch vor meinen Augen.

Ich gehe aus. Mein erster Ort ist die grüngestrichene *Bar Vert,* ein winziger Künstlertreff (Gréco, Jacques Prévert und andere) in der historischen *rue Jacob,* parallel zur Seine. Eine Tafel weist darauf hin, daß hier im Haus vor einem runden Jahrhundert Richard Wagner mit seiner Minna gewohnt und den *Rienzi* komponiert hat. Einst Hitlers Lieblingsoper, bevor er sich später schicksalsverliebt auf die *Götterdämmerung* einließ. Nahebei, in der *rue de l'École de Médecine,* liegt *Blum,* eine Wiener Konditorei, die erste und letzte der Stadt. Gegenüber, direkt neben dem Geburtshaus von Sarah Bernhardt, die Straßenregale der Buchhandlung Gibert Jeune. Die zu dieser Zeit noch ein deutsches Antiquariat aufweist, wo ich billig Brechts *Hauspostille* erstehen kann. Nur um mich umgehend in den frechen jungen Poeten zu verwandeln, der die *Oper der vier Sous* geschrieben hat (wie sie in Frankreich heißt) ... Von da sind es nur mehr wenige Schritte zum *Café Tournon,* Lieblingsherberge von Joseph Roth seligen Angedenkens. Und jetzt beherrscht von amerikanischen Jazzmusikern, Schwarzen, Schwulen (und oft allen dreien zusammen). Auch der große emigrierte Schriftsteller James Baldwin verkehrte hier, so wie die *Paris Review,* später bekannt durch ihre ruhmreichen Autoreninterviews.

Immer intensiver durchstreife ich »mein« Viertel und nehme es in Besitz – unter sträflicher Vernachlässigung der gesamten übrigen Stadt. Da ist die *rue de la Huchette,* über die einst ein parisverliebter Amerikaner, ich glaube, er hieß Elliot Paul, eines jener sentimentalen Bücher geschrieben hat, die ich – neben Edith Piaf und den *Kindern des Olymp* – für meine Rückkehr verantwortlich mache. Viel von dem, was er in diesem engen Gäßchen in den Dreißigern gekannt haben will, ist längst dahin, anderes finde ich in verwandelter Form wieder. So ist aus den behaglichen Bistros von einst ein ganzer orientalischer Bazar geworden, aus dem Tangokeller ein *caveau* für langhaarige Bebopper, aus der Puppenbühne ein »Taschentheater«. In dem man Nacht für Nacht dieselben zwei Stücke spielte – und eigentlich bis heute spielt: Ionescos *Kahle Sängerin* und Jean Genets *Bonnen* ... damals sogar mit der jugendlichen Jeanne Moreau.

Der Hauptanziehungspunkt der Straße und Inbegriff dessen, wozu ich mich zu bekennen suche, ist aber *Chez Popoff* – Heimstätte für Frühhippies, Tippler, Tramper, fahrende Schüler. Und hatte nicht auch ich, gleichzeitig mit Jack Kerouac und seinem *On the Road*, die ganze USA abenteuernd zu Fuß und per Anhalter durchquert, schließlich auch Mexiko und den Süden bis hinunter nach Zentralamerika? Nun nahm mich dieser menschenfreundliche Russe auf in seinem rauchigen Lokal. Vorne Billigausspeisung, hinten Ablage der Rucksäcke, auf denen man auch schon mal die Nacht verschnarchen durfte. »*Entrez, camarade!*« sagt er zuvorkommend. Es war wie ein Ritterschlag, ein erstes Stück Zugehörigkeit.

Bald wandere ich jedoch einige Straßen westwärts. Schließlich hat man nicht umsonst das berühmte Photobuch *Liebe in Saint-Germain-des-Prés* von Ed van der Elsken verschlungen, strotzend von heißen Nächten und reumütigen Morgen auf dem Bordstein. Sowie ungenierte Bekenntnisse à la *Bonjour tristesse*, verfaßt im *Café de Flore* oder dem benachbarten *Deux Magots*. Zwischen den beiden, an der Ecke zur *rue Saint-Benoît*, hielt die Buchhandlung *La Hune* (»Der Mastkorb«) Hof und die ganze Nacht geöffnet. Gegenüber, als exklusives Jazzlokal, die Bar *Le Montana*. (Unvergängliches Wort des Türstehers: »*Ich habe nein gesagt. Nein ist das Gegenteil von ja!*«) Schließlich erforschte ich, auf der anderen Straßenseite, nur durch eine Plakette in Spiegelschrift kenntlich (sie ist gerade kürzlich erst entfernt worden) die Radnabe dieser ganzen Boheme: den *Club Saint-Germain-des-Prés*. Schon in der offenen Kellertür, die dem Gelaß etwas Frischluft zuführen sollte, lungerten die bärtigen Gestalten in schwarzen Rollpullis, samt ihren dito in Schwarz gekleideten *copines*, die das Markenzeichen des Viertels darstellten. Jedoch so gar nicht die existentielle Verzweiflung ausstrahlen wollen, die ihnen Sartre zuschreibt – eher Lebensfreude nach beendigtem Krieg und fröhliche Promiskuität. Schon selektiver, da nur auf Einladung zugänglich, das unterirdische *Tabou*, gegründet von Juliette Gréco und ihrer Freundin Cazalis. (Die beiden lassen sich sogar im gemeinsamen Bett photographieren, natürlich im Hotel Louisiane.) Auch der Jazztrompeter – und verbotene Autor – Boris Vian tritt hier auf. Das Motto des Lokals hängt gleich neben dem Telefon, auf Englisch: »*Why kill time, kill yourself.*« Unzugehörige werden von dem *animateur* und Herausschmeißer Nico gleich wieder in die *rue de Seine* befördert. Immerhin eine der aufregendsten Straßen des Viertels, da sie unter anderem ein angelsächsisches Theater, einen Plakatladen, eine historische Photoagentur, mehrere moderne Kunstgalerien sowie ein halbes Dutzend Antiquariate und Buchhandlungen aufwies. Darunter, noch heute lebendig, die *Maison Fischbacher*, die auf mehreren Nietzsche-Erstausgaben als Pariser Mitherausgeber genannt ist! Am verblüffendsten jedoch die *Akademia* des Amerikaners Raymond Duncan, Bruder der einst weltberühmten Ausdruckstänzerin Isadora Duncan. Und zu dieser Zeit ein weißhaariger Greis, der in römischer Toga und Stirnreif durch die Straße promenierte und auf seine längst veraltete Malschule hinwies, die allerdings keinen einzigen Schüler mehr aufwies. Juliette Gréco ihrerseits trat, in schwarzem Kleid von Balmain, mit Pony und damals noch unverschönter Nase, im Cabaret *La Rose rouge, rue de la Harpe,* auf, dem ersten literarischen Kabarett. Später mit klassischeren Gesichtszügen im Lokal gleichen Namens, *rue de Rennes.* Wo sie uns alle mit Liedern von Kosma, Queneau, Jacques Prévert (*Les feuilles mortes*) und sogar Sartre betörte. Es war die große Zeit des »intellektuellen« französischen Chansons (Bécaud, Brassens, Aznavour, Ferré, Montand, Brel, später Barbara), das, dank seiner einzigartigen Interpreten, tiefere Bedeutung vermittelte, als vielleicht in ihm war. Auch lagen ja damals die aktuellen Chansontexte samt Partituren in allen Musikläden aus, manche von Edith Piaf besitze ich noch heute. Selten, glaube ich, zumindest seit dem *Fin de siècle,* hatte sich Paris mit seinen Lokalen dermaßen zusammengehörig gefühlt! Von denen ich ein letztes nicht auslassen will, gelegen an der *place de la Contrescarpe,* Name vergessen. Nicht aber Ferrats an dieser Stelle zum ersten Mal gehörtes Chanson, vorgetragen von Anne Sylvestre: »*Ils étaient vingt et cent*«. Nämlich die 120 Wehrlosen, die man in jeden der Viehwaggons zwängte, mit denen über 70 000 von ihnen aus Frankreich nach Auschwitz deportiert wurden. Zumeist Emigranten, darunter viele tausend Kinder. Daß nicht auch ich unter ihnen war, verdanke ich meinem unermüdlichen Vater, mehr freundlichen Menschen, als mir in Erinnerung sind ... sowie dem puren Zufall.

Auch meine Beziehung zu Frauen hatte damals etwas von dieser Zufälligkeit. Da war Maité – also eigentlich Marie-Thérèse –, die ein Heim für ländliche Jungfrauen bewohnte. Dieses *Palais de la Femme* lag hinter der Bastille am Ende der verrufenen *rue de Lappe*, berühmt für ihre Musette-Lokale sowie die dazugehörigen Ganoven. Auf dem nächtlichen Heimweg durfte man schon mal Zeuge einer Messerstecherei zwischen korsischen Zuhältern sein, während aus den Fenstern der vergebliche Ruf nach der Polizei schallte. Meine zweite Bekanntschaft war eine Kokotte, die mich auf dem damaligen Luxusstrich *boulevard Madeleine* auftat. Einer der drei Liebhaber, die ihren Unterhalt bestritten, war abgesprungen oder verstorben, und sie suchte Ersatz. Fast hätte mein Stipendium gereicht, dann war es ihr aber doch zu karg. Danach lernte ich ein Pariser Naturkind kennen, dessen Mann mit der französischen Kriegsgräberfürsorge die Schlachtfelder abgraste. »*Alles kümmert sich um die Toten, aber wer kümmert sich um die Lebenden?*« rief sie klagend aus, und dazu war jetzt ich ausersehen. Sie wohnte in der schon erwähnten historischen *rue de la Huchette*. Und da, wie zu dieser Zeit üblich, keine Leitung in der Wohnung richtig funktionierte, pflegte sie zu meiner Freude nachts über die Balkonbrüstung auf die menschenleere Gasse herunterzupinkeln. Das Haus, falls Sie danach suchen, steht übrigens an der Ecke zur »Straße der fischenden Katze«, wahrscheinlich die engste von Paris.

Meine Dauerfreundin aber war damals eine junge

Amerikanerin namens Dora. Sie wohnte in einem Logierhaus, das den »angelsächsischen« Namen *Hotel Welcome's* führte, womit man wahrscheinlich Ausländer anzulocken hoffte. Ein ehemaliges *maison de passe,* jedes Zimmer in einem anderen exotischen Stil gehalten, zwecks Anregung der Bordellkunden. Wir liebten uns in einer Art venezianischer Gondel, auf Doppelbettbreite ausgebuchtet. Darf man hinzusetzen, daß zu dieser Zeit jede Geburtenkontrolle unter Strafe stand, da alles darauf abgestellt war, die Bevölkerung Frankreichs gegenüber den Deutschen heraufzuschrauben? Nur ein einziger Arzt, den ich kannte, verschrieb Präservative oder später die Pille. Nur eine einzige Apotheke – aber sie blieb ein Geheimtip – gab sie aus. Auch sonst hatten, in diesem klassischen Land der Menschenrechte, die Frauen wenig zu melden. Wahlrecht für sie gab es erst seit 1944, und sie würden bis in die Sechziger warten müssen, um ohne Befürwortung eines Mannes ihr eigenes Konto eröffnen zu dürfen. Noch Jahre später sah man im Fenster des renommierten Restaurants *Fouquet's* eine Tafel: »*Damen ist der Eintritt nur in Herrenbegleitung gestattet*« ...

Damals begann Paris von internationalen Organisationen zu wimmeln, die alle nach Personal suchten. Es gab die NATO, die OECD, die UNESCO und UNICEF ... ja sogar die UNO tagte mehrere Jahre lang in improvisierten Holzbaracken rund um das Trocadéro-Bassin. Ich selbst arbeitete jetzt für das amerikanische Informationssystem. Es veränderte zwar dauernd seine Namen und Adressen, blieb aber immer auf die gleichen Ziele fixiert: Anpreisung des Marshallplans, Verteidigung amerikanischer Werte, ein vereintes Europa gegenüber sowjetischer Bedrohung. Damit berieselte ich nach und nach sämtliche deutschen Rundfunksender. Wobei es mir gelang, das Politische gegenüber dem Geistigen und Kulturellen zunehmend in den Hintergrund zu schieben. Viel kontrolliert wurde bei uns ohnehin nicht, man war eben unter Amerikanern.

Und dann kam Brecht mit seinem *Berliner Ensemble* nach Paris, schon im voraus in den Himmel gehoben von der Kommunistischen Partei, so ziemlich dem stärksten Block im Lande. Wir selber wurden ausgesandt, um in der Pause Flugzettel zu verteilen, auf denen die unzähligen russischen GULAGS verzeichnet standen. Auch sollten wir an bestimmten Stellen ein Pfeifkonzert im Saal anfangen. Es war die vielbewunderte Aufführung der *Mutter Courage*, mit Helene Weigel und Angelika Hurwicz in ihren klassischen Rollen, daher dauernd von Applaus unterbrochen. Ich selbst klatschte und pfiff in einem, denn Brecht war schließlich Brecht.

Bald darauf arbeitete ich schon unmittelbar für die deutschen Sender. Ich machte jetzt Rundfunkreportagen. Dazu gab es ein erstes tragbares Tonbandgerät, das Arriphon, das bloß noch 25 Kilogramm wog. Damit schleppte ich mich durch die Straßen, vor allem wenn es *demos* gab für oder wider den altvertrauten französischen Vietnamkrieg oder den neuen Algerienkrieg, beide nicht zu gewinnen. Dazu mußte ich natürlich deutsch ins Mikrophon sprechen, was bei den Passanten, viele mit schlechten Kriegserfahrungen, zu allerhand Peinlichkeiten führte. Meist gab ich mich dann als Schweizer Rundfunk aus, das half. Oder auch als Österreicher, welche man komischerweise für Antinazis hielt. Erst mit dem Durchgreifen des Europagedankens ließ dieses Mißtrauen nach.

Was de Gaulle betraf – damals gerade »in der Wüste« ohne offizielle Position, aber sozusagen als strategische

Reserve gehandelt –, so schien er beide Koterien des Kalten Krieges gleichermaßen zu verachten. Am meisten aber uns Journalisten. Denn einzig aus diesem Grund, so mußte uns vorkommen, setzte er seine regelmäßigen Pressekonferenzen in einem Hotel in der *rue Cambon* (genau gegenüber dem Laden von Coco Chanel) zu so später Stunde an, daß für die Überspielung in unsere Abendnachrichten keine Zeit mehr blieb. Ich selbst, mit dem Mikrophon in der Hand, begann nun auch die Dreistigkeit, ja die Unverschämtheit zu lernen, ohne die kein Reporter je auskommt. »*Verfüge Er sich doch ein wenig weg von mir, mein Freund*«, sagte der General mit höfischer Geringschätzung, wenn ich ihm wieder einmal zu nah auf die Pelle rückte. Unvergeßlich geblieben ist mir auch sein ewig gültiger Ausspruch: »*Ein Politiker, der sein Volk nicht zum Träumen bringt, hat verspielt.*« Ansonsten nahm ich alles wahr, was sich in Paris darbot, und das war zu dieser Zeit nicht wenig. Von Chansonsängern wie Brel oder Piaf über Couturiers wie Saint Laurent oder Dior bis zu den »Viersekundenmalern« wie Mathieu oder Klein, von Le Corbusier bis zu Albert Schweitzer, von Kaiserin Soraya über Marlene Dietrich bis hin zur allerkleinsten Prostituierten am Pigalle.

Es war auch die Zeit des heraufkommenden Fernsehens. De Gaulle verdankte ihm viel. Besonders seit ihn sein Medienberater, Marcel Bleustein-Blanchet (der Gründer der Werbeagentur *Publicis*) überredet hatte, vor der Kamera die schwere Lesebrille abzunehmen und statt dessen seine gewichtigen Sätze auswendig direkt ins Publikum zu sprechen. Fernsehen – konnte das etwas für mich werden? Ich als Wortmensch war mir nicht so sicher.

Allerdings: Nun begannen in den Elektroläden, die bisher mein altes Radiogerät versorgt und gewartet hatten, lackierte Möbel aufzutauchen, wo oben auf einem Schirm in Buchdeckelgröße schwarzweiße Bilder herumzuckten. Eine Art Ersatzkino, so schien mir. Bis da auf einmal Szenen auftauchten wie aus meinen besseren Funkreportagen, nur eben illustriert. Aufnahmen aus dem sozusagen verpönten Paris: den Migrantenvierteln, den Sexlokalen, den Slums. Dazu Gespräche mit den Bewohnern, die so gar nichts Vorgeschriebenes oder Lehrhaftes hatten - echte Stücke Leben aus meiner Stadt. Und dargeboten mit einer Unmittelbarkeit, die einem den Atem verschlug. War das »Fernsehen«, »Television«? Worunter ich mir, dem Namen entsprechend, immer etwas aus der Ferne vorgestellt hatte. Dies schlug alles, was ich bisher praktizierte, um Längen. Und dahin mußte ich, das war mir mit einemmal klar. Allerdings sollte noch viel Zeit vergehen, bis mich der ersehnte Anruf einer deutschen Sendeanstalt erreichte: Man plane da eine Reihe von Fernsehberichten über Paris, und ob ich mir zutraue ... Ich traute mir zu und bin jahrelang dabeigeblieben. Es war eben meine letzte Möglichkeit, mir die ungreifbare Stadt endgültig einzuverleiben, indem ich sie zum Bild machte!

»*Es wirkt nichts gewaltiger in Paris als das, was vergehen muß*«, schreibt schon der manische Parisbeobachter Balzac in einem seiner Romane (*Beatrix*). Und so ist es wohl geblieben bis heute. Einerseits diese Sucht nach Unerwartetem, noch nie Dagewesenem, nach neuen Moden, vor allem auf geistigem, sozialem, künstlerischem Gebiet. Und gleichlaufend damit das Festkrampfen an der eigenen gloriosen Vergangenheit. Ja, Paris ist anders geworden: eine moderne, gehetzte, nervöse, verbürgerlichte Stadt. Deren »kleine Leute« mit ihren Drolligkeiten und ihrem volksverbindenden Argot schon längst in die Vororte abgewandert sind und nur noch zur Arbeit hereinkommen. Und doch, und doch! Es ist, als ob die 5 000 Pariser Straßen mit ihren unzähligen Bauten, die Jahrhunderte (oder auch Jahrtausende) zurückgehen – es ist, als ob diese Atmosphäre des Vergangenen die magische Kraft besäße, ihren Leuten das alte Siegel aufzuprägen, sie zu echten Parisern zu machen, wie sie nur je waren. Man bekommt nie genug davon, das in sich aufzunehmen.

Troller mit Edith Piaf am Wochenmarkt

TONKOPF UNTERWEGS

R*ue Galilée*, gleich um die Ecke von den *Champs-Élysées*. Bestes Pariser Nobelviertel, auch das teuerste natürlich. Aber die Amis hatten es ja, so ziemlich die einzigen in diesen sauren Nachkriegsjahren. Wer einen Job suchte im damaligen Paris, der mußte bei ihnen anklopfen. Oder aber bei den Organisationen die von ihnen zehrten: der UNO, der UNESCO, der UNICEF, der NATO, der OECD und wie sie alle hießen. Ich selbst kam beim *Answer Man* unter. Das war offenbar drüben in den USA ein angesagtes Radioprogramm mit Frage-und-Antwort-Spiel. Die Fragen kamen aus dem Publikum und befaßten sich in der Regel mit amerikanischer Historie, den Eheproblemen Hollywoods und dem Liebesleben der Tiere. Dazwischen hineingestreut die unvermeidlichen Reklamesprüche für Cola und McDonald's. Diese Werbung sollte sich nun bei der europäischen Version prinzipiell auf den Marshallplan beziehen. Also diesem eigenartigen Versuch der Amerikaner, mit Hilfe staatlicher Investitionen das heruntergekommene Europa wieder aufzupäppeln. Ja, es möglichst zu einer Einheit zu verschmelzen, natürlich als Bollwerk gegen die dräuende Sowjetunion. »*In zehn Jahren haben wir die Vereinigten Staaten von Europa ... und die Europäisierung der deutschen Nation*« (so LIFE hoffnungsvoll). Dementsprechend wurde auch unser Programm finanziell von drüben gesponsert, ich nehme an via der CIA.

Das einzige jedoch, was man dort offenbar nicht bedacht hatte, war die europäische Sprachverwirrung. Also mußte für jedes Land ein autochthoner Texter angeheuert werden, der es in seinem vertrauten Tonfall berieselte. Und so saßen eben in der *rue Galilée*, dem Nabel dieses ganzen Unternehmens, ein gutes Dutzend Fremdsprachler und tippten eifrig vor sich hin. Für vierzig Dollar die Woche, damals ein Haufen Geld. Und bestimmt doppelt soviel, wie ich je in New York als schäbiger Emigrant verdient hatte. Von meiner Dienstzeit als *Corporal* der *US Army* gar nicht zu reden. Ich selbst war für Österreich zuständig, Heimat von ehedem. Wo unser Programm *XY weiß alles* hieß und in Wien von dem Sender Rot-Weiß-Rot ausgestrahlt wurde. Der Verleser meiner Texte war ein mittelmäßig begabter

Schauspieler, der – auch das gehörte zum Werbeeffekt – stets maskiert auftrat und sich damit eine geheimnisvolle Aura verlieh. Am Ende wurde er so prominent, daß ihn die Zuhörer mit der Frage bestürmten, woher er seine stupende Bildung habe. Darauf antwortete er, bescheiden wie Faust: »*Zwar weiß ich viel, doch möcht ich alles wissen.*« Nur waren leider die Anfragen aus dem Publikum, die ich zu bearbeiten hatte, in der Mehrzahl unverwendbar für ein anspruchsvolles Programm. Sie befaßten sich keineswegs, wie erwartet, mit der Aufarbeitung des Dritten Reiches, der Zukunft Europas, oder zur Not mit Tieren oder Filmstars. Sondern fast ausnahmslos mit den Ewigkeitsthemen Geld, Karriere, Liebe, Potenz und Haarausfall. Ein Brief lautete unvergeßlich: »*Hochverehrter XY, ich weiß bestimmt, daß meine Frau mich betrügt. Seit Monaten höre ich ihre Telefongespräche ab, öffne ihre Post über dem Teekessel – nichts! Jetzt bin ich überzeugt, daß es nachts im Stiegenhaus passiert. Ich habe schon an jeden Treppenabsatz versteckte Kreidestriche hingemalt. Wenn er sie gegen die Wand pimpert, muß sich das abfärben. Resultat null! Was raten Sie mir als nächstes?*«

Natürlich konnte man mit solchen Fragen kein Programm bestreiten. Im übrigen kam nun die Phase des deutschen Wirtschaftswunders. Und da man überzeugt war, dieses ausschließlich der eigenen Tüchtigkeit zu verdanken, ging unser Programm bald den Bach herunter. Ich mußte mich nach anderen Betätigungsfeldern umsehen.

Der einzige deutsche Sender, mit dem ich Berührung hatte, war der »Rundfunk im amerikanischen Sektor«, kurz RIAS genannt. Ich dampfe nach Berlin, damals kein Honigschlecken. Alle möglichen Genehmigungen sind einzuholen,

Zonenpässe zu erbringen. Noch schwerwiegender sind meine inneren Widerstände. Brandenburger Tor, Wilhelmstraße, Prinz-Albrecht-Straße, Oranienburg, Plötzensee, Wannsee ... gibt es in dieser verfluchten, wenn auch jetzt unsäglich zerdepperten Stadt nicht einen einzigen unbelasteten Ort? Noch Hitlers letztwilliges Testament aus dem Bunker der Reichskanzlei: eine inständige Beschwörung, dich und deinesgleichen abzuschaffen, oder was noch davon übrigblieb. Zugunsten eines Herrenvolkes, das nun an dir vorüberflaniert, mit diesem Ausdruck des Mehr-Unrecht-erlitten-als-getan-Habens, den ich schon aus meiner Besatzerzeit in München kenne.

Beim Sender empfängt man mich freundlich, ich bekomme einen annehmbaren Vertrag: drei Berichte wöchentlich aus Paris zu je fünf Minuten. Mit Neuigkeiten, Lokalkolorit und möglichst einem amerikanischen *angle*. Dafür darf ich in der Avenue Hoche einen Kellerraum der *Voice of America* beziehen, Überspielungen auf Kosten des Senders. Meine Texte spreche ich direkt in die Leitung. Die Interviews werden im Studio auf Wachsplatten eingraviert. Auch gibt es seit neuestem ein *Magnetophon*, das den gesamten Kofferraum des betriebseigenen Citroën ausfüllt und in dem sich Tonbänder auf großen Metallplatten geheimnisvoll drehen. Diese Platten lege ich anschließend auf einen Schneidetisch und schnipsle daran mit meiner Nagelschere herum. Denn natürlich hat jeder Bericht einem ganz bestimmten Schema zu folgen: Eine Minute Vorspruch, um dem Hörer das bisher Geschehene in Erinnerung zu rufen. Drei Minuten für die Neuigkeit, das Interview, die echte oder vorgebliche Sensation. Danach Zusammenfassung sowie Ausblick auf Künftiges, zuletzt eine möglichst humorige Schlußpointe. Es sind also diminutive Kurzgeschichten, die ich da fabriziere. Und werden auch als solche von mir mit erbarmungsloser Konsequenz aufgenommen, gesprochen, zusammengeschnitten: Meister Hemingway läßt grüßen. Vom Sender kam Zustimmung, aber manchmal auch die schiere Fassungslosigkeit. Wieso ich denn anstatt von einer Aktenmappe von einer Brieftasche gesprochen hätte (ich dachte natürlich an das amerikanische *briefcase*)? Oder den Tenor eines Gespräches (auf der ersten Silbe zu betonen) mit dem Operntenor verwechselt? Und warum Boot anstatt Schiff, Tapete anstatt Wandteppich, Billion für Milliarde? Ich entschuldigte mich mit Zeitdruck, bloß um nicht eingestehen zu müssen, wie sehr mein Deutsch in den Exiljahren verpufft ist. Selbstverständlich unter spezieller Vermeidung des Wortes *Emigrant* – bei den Nachkriegsdeutschen nicht minder verpönt als die Namen solcher *Auskneifer* wie Thomas Mann, Bertolt Brecht, Marlene Dietrich ...

Auch an einen anderen Anruf erinnere ich mich, nicht weniger existenzbedrohend. »*Herr Troller, Sie können uns ja aus Paris mit einem französischen Akzent berichten oder zur Not einem amerikanischen. Aber doch nicht mit einem wienerischen!*« Zwar war ich mir nicht bewußt, daß ich nach so vielen Jahren Exil noch einen solchen besaß, mußte ihn mir aber schleunigst abschminken. Seitdem ist meine Sprache – obwohl man mir manchmal noch etwas Donaufärbung nachsagt – so neutral geworden, wie ... nu ja, wie das seinerzeit bei uns vielbewunderte *Burgtheaterdeutsch*. Oder auch das penetrante Hochdeutsch der damals so beliebten älplerischen Heimatfilme!

Der RIAS zahlte angemessen, was aber weder für einen noch so gebrauchten Gebrauchtwagen reichte noch für eine eigene Bleibe. Seit Jahren bewohne ich nunmehr ein winziges Dachzimmer eines Pariser Wohnhotels in der *rue des Écoles* am Linken Ufer. Siebenter Stock ohne Fahrstuhl. Kommt ein Telefonanruf für mich unten im Foyer, so tritt Monsieur Eustache, der Besitzer des *Hôtel d'Orléans* (es besteht noch heute, wenn auch unter vornehmerem Namen), hinaus auf die Straße und ruft schallend »*'Sieu Trollé?*« Melde ich mich dann nicht in Sekundenschnelle, so läßt er den Anruf verfallen und ich bin um einen Auftrag ärmer.

Denn inzwischen habe ich ja beschlossen, meinen Ausstoß zu steigern. Anstatt einem Dutzend Berichten monatlich werden es zwanzig, dann dreißig, zuletzt bringe ich es sogar auf vierzig Stück! Dazu muß ich bloß sämtliche deutschen Sender abklappern, deren es glücklicherweise dank Länderaufteilung genügend gibt. Zum ersten Mal in meinem Leben betrete ich solche Orte wie Hamburg, Bremen, Frankfurt, Köln, Stuttgart, Baden-Baden ... Immer mit dieser inneren Hemmung, deutsch zu reden, als wäre *ich* der Schwindler und Vormacher. Und nicht eher meine Gesprächspartner, bei denen man sich unvermeidlich fragt: Wo warst damals du, bitteschön? Übrigens bedauern alle Redakteure, »*wie wenig man doch von Paris weiß*«, so als hätte man es nicht eben vier Jahre lang besetzt gehalten. Hierauf erkundigt sich jeder diskret nach meiner Herkunft. Manchmal stelle ich mich dann als französischer Germanist dar, andersmal als Elsässer oder sogar als Südtiroler! Die Vorschläge der Sender variieren, gehen aber zumeist in Richtung Montmartre, Louvre, Markthallen, Champs-Élysées, Maurice Chevalier, Sartre oder Edith Piaf. Die französische Politik interessiert weniger, kein Wunder bei den dauernd wechselnden Kabinetten. Einzig von General de Gaulle, derzeit stellungslos, erwartet man eine Art Wiederbelebung.

Was Sartre betrifft, so ist er zu dieser Zeit für Deutsche ziemlich unabkömmlich. Der alte Chansonstar Chevalier winkt dankend ab: Man könnte schließlich alles in seiner Autobiographie nachlesen. Einzig Edith Piaf erwische ich, das Einkaufsnetz in der Hand, auf ihrem Wochenmarkt in Passy. Inzwischen weiß ich, wie alle, von Ediths großer Liebe zu dem Boxweltmeister im Mittelgewicht, Marcel Cerdan, der leider bei einem Flugzeugunglück ums Leben kam. Bin aber ahnungslos, wie schnell die ewig Liebesbereite Ersatz gefunden hat in ihrem angebeteten Toto, dem Radchampion Louis Gérardin. Zitat aus ihren kürzlich aufgetauchten Briefen: »*Ich glaube nicht, daß mich je ein Mann so genommen hat wie du, als ob ich zum ersten Mal Liebe machen würde ... Was ich über alles brauche, ist ein Kind von dir ... Ich verspreche dir, nicht mehr zu trinken. Du sollst mein kleiner Professor sein, dem ich blindlings vertraue ...*« Wenige Monate später heiratet sie den Sänger Jacques Pills, der aber auch nur vier Jahre vorhalten wird. Später frage ich Edith einmal, ob denn in ihrem Leben Glück oder Unglück überwogen haben?

»*Es gleicht sich aus. Aber ich bin immer zehnmal so glücklich und zehnmal so unglücklich wie alle andern.*«
»*Wenn Sie neu anfangen könnten, würden Sie ein anderes Leben haben wollen?*«
»*Nein, haargenau dasselbe Leben.*«
»*Was lieben Sie am meisten auf der Welt?*«
»*Die Liebe. Und meinen Beruf.*«
»*Und was hassen Sie?*«
»*Alles übrige.*«
»*Wenn Sie nicht Sängerin wären, was möchten Sie sein?*«
»*Tot.*«

Eines von Ediths stimmungsvollsten Chansons lautet: »*Sie wandert durch die rue Pigalle*« (*Elle fréquentait la rue Pigalle*). Die Klage eines Straßenmädchens, das von einem Bewunderer aufgefischt und in ein neues Leben entführt wird. Der sie aber dann – »*wär vielleicht besser du gehst zurück*« – zuletzt wieder in ihr früheres Dasein entläßt. Gerade dieses Dasein, und das der *clochards*, der *camelots* (Straßenhändler), der *chineurs* (Lumpenhändler), *beugleurs* (Zeitungsjungen), der *soupes-farines* (Volksküchen) und der *bidonvilles* (Slums) beschreibt jetzt ein junger Autor, Jean-Paul Clébert. Der jahrelang sein Leben mit diesem Bodensatz der Gesellschaft verbrachte. Sein Buch heißt *Paris insolite*, also etwa *Pariser Untergrund*, und hat es fast bis zum Goncourtpreis geschafft. Ich treffe Clébert vor seinem Lieblingslokal *Zu den vier Sergeanten* in der *Mouffe*, also der *rue Mouffetard* am Linken Ufer. An dieser engen mittelalterlichen Marktstraße hatte einst Verlaine mit zwei Prostituierten auf einmal gehaust, später der junge Hemingway, bevor er sich das Ritz leisten konnte. Clébert: »*Ich bin ein freiwilliger Stadtstreicher*« (*vagabond municipal*), »*dessen Biotop jetzt leider Stück für Stück verschwindet.*« Aber ob das nicht immerhin auch ein Fortschritt wäre, wenigstens für die unfreiwilligen Hungerleider? Er: »*Ja, aber das hier ist eben doch ein Happen echtes altes Paris, wo Stadtwinkel noch Teil des Herzens sein können. Und ein letztes Stück Brüderlichkeit, eine Gemeinschaft der Penner. Jetzt werden wir alle in diese neuen Plattenbauten am Stadtrand versetzt, und keiner redet mehr mit dem andern.*«

Über den Abriß eines dieser hinfälligen Schlupflöcher mache ich anschließend eine Reportage, wobei ich das Haus selber sprechen lasse: »*Ich bin nicht schön. Meine Fens-*

ter sind zu schmächtig, die hageren Mauern lassen den Regen durch, mein Hinterhof ist eingeschrumpelt und lichtlos. Ich bin gewachsen wie eine Tropfsteinhöhle, Raum für Raum. Einst war ich ein Landhaus aus Fachwerk und verschmiertem Lehm. Wo ein Brocken herausfiel, hat man das Loch mit unbehauenen Steinen aufgefüllt, später mit Ziegeln, zuletzt mit Zement. Nie gab es eine Zeit, in der nicht die Tüncheschichten meiner Wände aufklafften wie überschminkte Schminke. In mir hausen Ratten, die nachts auf Nahrungssuche aus den Metroschächten herüberwechseln. Ich bin behangen mit ganzen Generationen von ausgebleichten Tapeten: Dampfeisenbahnen decken Postkutschen, die Schäferspiele unter sich begraben. Und die Zeitungsblätter, die zuunterst gegen den feuchten Verputz kleben, berichten von Waterloo oder Sedan, welches, habe ich vergessen. Giftigbraune Röhren durchziehen mich, längst schon in den Stein gerostet, die schubweise Essensreste und Unrat befördern wie eine wäßrige Rohrpost. Mein Treppenhaus ist benagelt mit dreißig elektrischen Leitungen, die zu schmoren beginnen, wenn jemand eine stärkere Birne einschraubt, denn keiner wagt sich an die zerbröckelten Sicherungen. Und trotzdem lieben mich meine Bewohner. Warum? Weil ich auf sie zugeschnitten bin wie das Schneckenhaus auf die Schnecke, weil ich ein Teil ihrer Seele geworden bin. Keine Tür, in der man einander nicht einst umarmte, keine Fenster, wo man sich nicht ins Leben gesehnt, kein Stein, der nicht irgendwann einem Menschen vom Herzen fiel. Aber wie lange noch? Wie lang, bis meine Fassaden, schwer vom Schicksal, sich zu blähen und auszubuchten beginnen. Dann hebt mein Todeskampf an, wie der meiner verschwundenen Nachbarn, Gott hab sie selig. Erst schlagen sie mir von der Straße her die schweren hölzernen Stützbalken ein, wie die Krücken. Dann vermauern sie mir sämtliche Öffnungen, während die Ämter beraten, was mit mir zu geschehen hat. Aber wann wird schon etwas rechtzeitig entschieden in Paris? Und so kommen jetzt die Demolierer angefahren, gefühllos wie Totengräber. Kein Kran mit schwingender Abrißbirne ist bei mir vonnöten. Ja, nicht einmal der Vorschlaghammer, mit dem sie sich die Steine unter den Füßen heraushauen. Ein Drahtseil wird um meinen Sockel gespannt, zwei Raupenschlepper zerren ruckartig an den Enden. Und porös wie schimmliger Käse sacke ich schon in mich zusammen, bin nur mehr formlose graue Masse wie Mondstaub. Ein Kind tupft mit dem Finger dagegen. Lebewesen, Pflanze, Mineral? Oder das Zeug, aus dem die Träume gemacht sind?«

Dieses Absägen eines alten Hauses habe ich tatsächlich hinterm Montparnasse mit angesehen. Auch einen Freund gebeten, es für mich mit seiner *Bell & Howell* abzufilmen. Mein allererstes Stück Film, es hat aber keiner haben wollen ... Eine ähnliche Stimmung der Vergeblichkeit, versetzt mit Ironie, erkenne ich in einem Stück wieder, zu dessen Erstaufführung das winzige *Théâtre Babylone* eingeladen hat: *Warten auf Godot*, von Samuel Beckett. Startsignal des *absurden Theaters* – ich vermute entsprechend einem Nachkriegsgefühl, daß alle Glaubenssätze, die sich auf Höheres beziehen, des Teufels sind. Zuletzt darf der langerwartete Godot, wen immer er repräsentieren mag, nicht aufkreuzen, weil ja sonst die Welt sinnvoll zu werden verspricht. Oder so ähnlich. Beckett selbst verweigert jede Erklärung. Und mein Versuch, ihn im *Café la Coupole* daraufhin anzusprechen, endet fast mit einem Hinauswurf.

2. Juni 1953. Ins Absurde rutsche ich selber bei meiner Reportage über die Krönung Elisabeths der Zweiten von England. Man hat für mich und mein Tonbandgerät einen wunderbaren Platz auf dem Dach des Londoner Luftfahrtministeriums reserviert, zu dessen Füßen der Krönungszug vorbeikommen soll. Gerade habe ich meinen üblichen *Ich-stehe-hier*-Text heruntergebetet, als auch schon überraschend schnell die offene Krönungskarosse hinter vier Edelrössern herantrabt. Auf dem Hintersitz die neue Königin samt Gemahl, ihr gegenüber die zwei Kinder, die ich jetzt eiligst zu beschreiben habe: »*Da ist der kleine Prinz Charles in einem hellblauen Sommerkleidchen ... äh, ich meine natürlich die Prinzessin Anne in einem schicken Matrosenanzug. Nein, was ich sagen will ist, der Prinz trägt diesen Anzug, während die Prinzessin also dieses blaue, dieses hellblaue, nein, eher scheint es mir himmelblau ...*« Längst ist der Zug schon in Richtung Buckingham-Palast verschwunden, der Applaus verebbt, als ich noch immer an diesen verdammten Kostümen herumstottere. Ist es meine schiere Unbedarftheit, oder die Unfähigkeit, unter Druck auf deutsch zu improvisieren? Mißmutig fahre ich nach Paris zurück, des Spotts der Kollegen gewiß. Aber die Kollegen haben ganz anderes im Sinn. Vergnügt hocken sie um einen kleinen Guckkasten herum und betrachten das ganze Ereignis im Bild. Eurovision nannte sich das damals schon, glaube ich. Worauf mir mit einem Mal aufstieg, wo meine Zukunft lag.

Eine Zukunft, die allerdings zunächst dazu führen würde, daß bei dem ersten Deutschlandbesuch der Königin kein Mensch auf der Straße war. Die saßen eben alle daheim, um das Spektakel bequem auf der Glotze zu sehen. (Die britische Krönung hatte den Absatz von Fernsehgeräten in Deutschland schlagartig verdoppelt!) Daß gerade dadurch die Chose an Stimmung und Aufregung verlor, gehörte zu dem inneren Widerspruch des Mediums, auf das ich mich da einlassen wollte. Aber zuerst zu einer anderen Königin der Zeit. *Ein Herz und eine Krone* hieß unwiderstehlich kitschig der Hollywoodfilm, der Audrey Hepburn zum Weltstar machte, dieses elfengleiche Wesen mit den tiefgründigen Rehaugen. Mein alter Vater vergötterte in seinen Briefen an mich dieses *sein Auderl*, während sie uns jugendliche Sexmaniaks weniger ansprach. Und dann kam überraschend bei ihrem Parisbesuch die Chance eines Interviews, ohne daß man Zeit für irgendeine Vorbereitung hatte. Faktlos und taktlos, wie leider so oft damals, frage ich Audrey, ob auch die Männer, die sie bevorzugte, »*schön, zart und unterernährt*« zu sein hätten. Sie schenkt mir großmütig ihr eulenspiegelhaftes Lächeln: »*In der Freundschaft sucht man seinesgleichen. In der Liebe gerade das, was man nicht besitzt, was einen ergänzt. Kompliziert wird es erst, wenn man beides auf einmal will.*« Gar nicht schlecht.

Dann plötzlicher Anruf von Berlin. In der Stalinallee ist ein Arbeiteraufstand ausgebrochen, unerhört für die DDR. Und wie es scheint, hat der Dichterfürst Kuba (Kurt Barthel), der noch kürzlich diese selben Arbeiter hymnisch besang, ihnen jetzt die Hölle heiß gemacht: »*Da werdet ihr künftig sehr viel und sehr gut mauern müssen, eh euch diese Schmach verziehen wird.*« Sogar Bertolt Brecht soll sich ähnlich geäußert haben. Ich entwerfe eiligst einen Kommentar. In dem ich mir aber nicht verkneifen kann, darauf hinzuweisen, daß für die Pariser eine Straßenrevolte zu den Alltäglichkeiten gehört. Ja, daß hier letztlich kaum eine Entscheidung fällt, bevor nicht so und so viele Tausend (die Polizei unterschätzt ihre Zahl weisungsmäßig jeweils um fünfzig Prozent) auf die Straße gehen.

Doch zurück zu Brecht, dessen Stellungnahme für das Regime (er wird sie später modifizieren) hier ziemlich enttäuscht. Nun hat man in Paris ein internationales Bühnenfestival ins Leben gerufen, das *Theater der Nationen*. Hauptattraktion der Festspiele: Bertolt Brechts *Ensemble* mit seiner *Mutter Courage* und zwei weiteren Stücken. Immer hatte ich Brecht bewundert, wenn auch vielleicht den Lyriker mehr als den politischen Dramatiker. Allzu verstörend seine lehrhafte Vereinfachung vielschichtiger Zusammenhänge: Der Nazismus als ein dem unwilligen Volk aufgezwungenes bourgeoises Terrorregime ... der Holocaust als Ablenkungsmanöver kapitalistischer Lohndrücker – von wegen. Jetzt bin ich also, mit einigen Kollegen aus unserem Studio, dazu ausersehen, bei der Premiere gegen Brecht zu demonstrieren. Einerseits durch Verteilung von Flugblättern, darauf eine Karte der Sowjetunion mit sämtlichen Gulags. Und danach, nun ja, soll ich die Vorstellungen auf offener Bühne auspfeifen. Nur daß sie mich jetzt, da ich ja bisher die Texte nur schriftlich kannte, in ihrer ausgefeilten Regie geradezu überwältigen. Also pfeife und applaudiere ich in einem, ein Kunststück, das mir nie wieder gelingen wird. Allerdings verzichte ich anschließend darauf (irgendwie muß man ja Anstand bewahren), Brecht hinter der Bühne aufzusuchen. Im Gegensatz zu unserer sexy Kollegin Evita, die mir am nächsten Morgen zuraunen wird: »*Ganz schönes Mannsbild, der Brecht.*«

Nur wenige Wochen später: Besuch im Studio der zwei Wanderschnüffler des McCarthy-Ausschusses für Unamerikanische Umtriebe, welche sie sogar bei uns vermuten. Es sind die Herren Cohn und Schine, leider der Karl Kraus'schen Kategorie zugehörig: *Wozu Juden alles fähig sind.* Das einzige, was die beiden bei uns aufstöbern, ist mein *Dreigroschenroman* von Brecht, den ich zum Herzeigen mitbrachte. Fort war er, wahrscheinlich nach Washington verfrachtet als Indiz meiner Infizierung ...

Ein Weiterer, der mir in die genannte Kategorie zu passen schien, war der französische Schauspieler amerikanischer Herkunft Eddie Constantine. Als taffer Privatdetektiv Lemmy Caution – hart im Geben, hart im Nehmen – wird er ein paar Jahre lang der umworbene Star solch unsterblicher Krimis wie *Heiße Lippen, kalter Stahl*. Wahrscheinlich auch einer der kurzfristigen Liebhaber von Edith Piaf. Seinen Schlußakkord als *Hartgekochter* setzt er in Godards *Alphaville*. In Wirklichkeit ein Weichei, ein umgänglicher Racker, der unser Gespräch vor allem dazu benützt, sein frischerworbenes Rennpferd zu preisen. Und woher dieses draufgängerische Image? »*Ach Gott, ich bin eben zufällig mit einer Visage geboren, die gar nicht zu mir paßt*«, klagt er schmerzdurchdrungen.

Da ist der Schauspieler Erich von Stroheim schon ein ganz anderer Kerl, den wir in seiner feinen Villa in Maurepas bei Paris aufspüren. »*Also was uollen's von mir?*« fragt er auf wienerisch-amerikanisch. Natürlich herausfinden, wer er wirklich ist. Echt Baron Erich Oswald Hans Carl Maria Stroheim von Nordenwall, Religion katholisch, von Beruf Adeliger, der Vater Dragoneroberst, die Mutter Hofdame bei Kaiserin Sissi? Oder aber der Sohn des ostjüdischen Wiener Hutmachers Benno Stroheim, der auch noch pleite ging? Er denkt nicht daran, es uns zu verraten. So wenig wie die Namen der unzähligen Hollywood-Freundinnen, die man ihm zuschreibt. Bis hin zu Gloria Swanson, der er in Billy Wilders *Boulevard der Dämmerung* gerade noch als Chauffeur dienen darf. Es ist wahrscheinlich sein letzter großer Auftritt. Im Leben spielt Stroheim weiter den forschen Kavalleristen. Trägt das Haar straff gestutzt, sitzt am Schreibtisch auf einem Reitersattel, läßt sich von seiner netten Frau Denise einen zackigen Schnaps servieren.

Eigentlich kenne ich ihn außer in Wilders Film nur aus seiner Glanzrolle als preußischer Oberst von Rauffenstein in Jean Renoirs Klassiker *Die große Illusion* von 1937, was ich schwärmerisch erwähne. Er fällt mir brutal ins Wort: »*Und meine bahnbrechenden Hollywoodfilme* Greed, Blinde Gatten, Hochzeitssymphonie *usw., die kennen Sie wohl nicht?*« Ich muß zugeben, daß ich seit Buster Keaton keinen Stummfilm mehr sah. Erst später werde ich durch Lotte Eisner, den guten Engel der Pariser *Cinémathèque*, erfahren, was es mit diesen Meisterwerken auf sich hat, deren Gigantomanie einst Hollywood fast ruinierte. Und die kein Mensch in ihrer vollen Länge von bis zu acht Stunden je gesehen hat. Außer natürlich Produzent Goldwyn persönlich. Der sie panisch auf die Hälfte oder noch kürzer zusammenschnitt, die Reste landeten auf dem Müll. Einen Tonfilm wird man Stroheim nie drehen lassen. Von nun an fristet er sein Dasein als Gestapo-Agent oder SS-Rabauke, *the man you love to hate*. Welch ein Ende ... und welch eine Strafe für den verleugneten Juden. (Den einzig Mitwiener Billy Wilder gleich durchschaut zu haben scheint: »*Was wollen Sie, der Mann jüdelt doch!*«) Da ich zu dieser Zeit von alledem nicht die geringste Idee habe, endet unser Gespräch im Chaos. Immerhin muß ich danach beschlossen haben, nie wieder in ein Interview einzusteigen mit der Wahnvorstellung, der Angesprochene *würde mir die Information schon selber liefern*. (Wie leider so viele Befrager, die mich heutzutage aufsuchen.)

7. Mai 1954: Schicksalsschwerer Tag für Frankreich: In Indochina ist das Feldlager Dien Bien Phu gefallen, erobert von dem vietnamesischen General Giap. Jetzt wird eine französische Armee nicht mehr bloß von deutschen

Panzerprofis zerschlagen, sondern von simplen Guerillakämpfern. Und das Absurdeste: daß sie ja zum Großteil aus Fremdenlegionären bestand, also wohl ehemaligen Nazis. Dazu ein einschlägiger Brief von dem Wiener Sender Rot-Weiß-Rot: »*Lieber Kollege Troller, machen wir's kurz und schmerzlos. Ihr Bericht über Indochina konnte leider nicht verwendet werden, da darin zu viele Wahrheiten enthalten sind …*« Bald wird Vietnam die Amerikaner noch viel mehr vergebliche Opfer kosten. Für Frankreich aber bedeutet diese verlorene Schlacht den Anstoß zur Zersprengung des zweitgrößten Kolonialreiches der Welt.

Und apropos Krieg: Kurz danach erfährt man aus der Presse vom Tod eines Unbekannten, der Gaston hieß. Einer der Millionen einfacher französischer Soldaten (*poilus*) des Ersten Weltkrieges. Seine junge Frau Alice arbeitet inzwischen als Schullehrerin in dem Städtchen Saint-Maur an der Marne. Unter ihren Schülern: ein vierzehnjähriges angehendes Genie namens Raymond Radiguet. Kurz nach dem Krieg erscheint dann sein Sensationsroman *Der Teufel im Leib*, erreicht eine Auflage von drei Millionen.

Die Geschichte eines Schuljungen, der sich in seine um sieben Jahre ältere Lehrerin verliebt. Mit ihr ein passioniertes Verhältnis eingeht und sie auch schwängert. Inzwischen ist Gaston vom Krieg heimgekehrt. Bald gebiert ihm Alice einen Knaben, aber ist es der seine? Im Ort gibt es anzügliche Blicke, verstohlenes Gelächter. Wenig später stirbt Radiguet, betrauert von seinem Bewunderer und Freund Jean Cocteau (von dem ich die Geschichte habe). Gaston verstößt den kleinen Sohn, macht seiner Frau Alice, die alles ableugnet, macht auch sich selbst über viele Jahre hinweg das Leben zur Hölle. Endlich finden die beiden zu einer Art Burgfrieden zusammen, da erscheint 1947 die

Verfilmung des Romans, und alle Wunden brechen von neuem auf. Fünf Jahre später wird Alice, schon nah dem Ende, ihrem Gaston noch einmal zuflüstern: »*Alles, was sie über uns reden, ist Lüge. Er war nur ein Kind. Ich habe nie etwas Unrechtes getan.*« Den geistig und körperlich verkrüppelten Sohn will Gaston nie wiedersehen. Nun ist auch der Vater verstorben, an Leukämie. Eines seiner letzten Lebenszeichen war an einen Freund gerichtet: »*Wenn du den Brief liest, bin ich vereint mit der, die ich liebte, und die auch mich immer geliebt hat. Ich hoffe, daß jenes Buch, das uns so viel Unglück bereitete, bald endgültig in der Dunkelheit verschwindet.*«

Besuch des genialischen Surrealisten Salvador Dalí in Paris. Zeigt in einer pompösen Galerie am F*aubourg Saint-Honoré* Grafiken, denen er Textur verleiht, indem er einen Frosch, dessen Beinchen in Tusche getaucht sind, darüber hinhüpfen läßt. Rauschender Beifall der geladenen Journalisten. Ähnlich wie bei dem Maler Georges Mathieu, der vor unserem laufenden Tonband ein *action painting* in gezählten vierzig Sekunden hinlegt. Oder dem Maler Yves Klein, der nackte Models mit seiner patentierten Blautinktur bestreicht und dann einen Papierabklatsch davon liefert. Oder Niki de Saint-Phalle, die mittels Schießgewehr Farbflecken gegen eine Leinwand spritzt. Also der Künstler, der nicht so sehr etwas herstellt, als seine eigene Person wie ein Kunstwerk inszeniert. Warum nicht? Übrigens zeigt Dalí wiederum in einer anderen Galerie hinreißend abstruse Schmuckstücke. So etwa einen Ring in Form eines Korsetts, oder einen geöffneten Mund als Brosche, mit Zähnen aus echten Perlen. Clou der Darbietung: ein ansteckbares Herz aus roten Rubinen, das mit einem Minimotor zum Schlagen gebracht wird.

Am 25. November *Catherinettentag*, wie jedes Jahr. Die kleinen Midinetten der Modehäuser, die ihr 25. Jahr erreicht haben ohne unter die Haube zu kommen, defilieren angetan mit gelb-grünen Hüten zum Standbild der heiligen Katharina in der *rue de Cléry*. Dort eine stille Fürbitte um ... Sie dürfen es raten. Abends Tanz in allen Couturehäusern. Einschließlich dem wiedereröffneten Modesalon von Coco Chanel, die nach Jahren selbstgewählten Exils in der Schweiz wieder da ist. Oder war es eher eine Verbannung? Man spricht von ihrer zweifelhaften Rolle während der Okkupation, darunter ein Verhältnis mit dem deutschen Diplomaten Von Dincklage. Bei einer Presskonferenz, die mindestens so umlagert ist wie die der ewig wechselnden Ministerpräsidenten, verweigert Mademoiselle jedes Geständnis: »*Ich lebe nur für die Zukunft.*« (Sie muß immerhin jetzt an die Siebzig sein.) Und wie sie sich die Zukunft der Mode vorstelle? »*Jedenfalls anders als dieser Monsieur Dior mit seinen H- und X- und O-Linien, und wie sie alle heißen. Als ob der Charakter der Frau sich jedes Jahr verändern würde. Aber eine Frau muß mehr sein als ihr Kleid!*« Neben Coco sitzend ihre jüngste Kundin und Bewunderin, Romy Schneider. Die ich kürzlich im Theater kennenlernte, wo sie unter Viscontis Regie in einem elisabethanischen Reißer auftritt: *Schade, daß sie eine Dirne ist.* Zusammen mit ihrem neuen Lebenspartner Alain Delon. Romy klagend über die wüsten brieflichen Beschimpfungen aus Deutschland: »*Was erwartet man von mir – daß ich ewig Sissi bleibe? Und wieso bin ich auf einmal eine Sexualschlampe? Ob das nicht bei den Frauen der pure Geschlechtsneid ist? Und bei den deutschen Männern die Wut, daß man ›es‹ den Franzosen besser zutraut?*« Dazu Delon: »*Ich verstehe zwar kein Wort. Aber was immer Romy sagt, es ist die lautere Wahrheit. Sie kann nicht lügen.*« Bald darauf wird er ihr in dem Film *Der Swimmingpool* mit einer abgerissenen Gerte eins überziehen. Worauf jeder Zuschauer überzeugt ist, dies wäre die Grundlage ihres Verhältnisses.

Und dann kam die Sache mit Adenauer. Dieser ist zu einem entscheidenden Besuch in Paris eingetroffen. Am Flugplatz Le Bourget spielt die Kapelle *Deutschland über alles*, oder wie das jetzt hieß. Inzwischen hatte man mir aus München ein nagelneues *Arriphon* herübergeschickt, ich glaube das erste tragbare Tonbandgerät überhaupt. Hergestellt von derselben Firma, die schon seinerzeit die Arriflex-Kamera ersann. Mit deren Hilfe und der seiner Kameramänner (sie werden zum Teil später für mich arbeiten), einst Goebbels seine ewig sieghaften Wochenschauen hervorzauberte. Das Arriphon wog bloß noch an die 25 kg. Einschließlich Feuchtbatterie sowie der schweren Aufzugfeder, an der man alle fünf Minuten nachzukurbeln hatte. Dazu die beiden kleinen Spulen für das Magnetband, jeweils gut für dreißig Minuten Aufnahme über dem eingebauten Tonkopf. Und eigentümlich, wie ich mich jetzt fast selbst als *Tonkopf* empfinde, der die Umwelt unverstellt registriert, ein Übermittler des Gegebenen. (Während später das Filmbild schon eine erste künstlerische Verfremdung der Realität darstellen wird.) »*Ich stehe hier* ...«, mit diesen markigen Worten war bewiesen, daß man sich vor Ort befand, verstärkt noch durch Hintergrundgeräusche, spontanes Interview und eine Sprache der Gegenwärtigkeit, die das Ereignis nachvollziehbar macht. Das alles lerne ich, nicht weniger bildverliebt als sprachverbuhlt, auf Anhieb. Ich nehme wahr, verbrate, verkaufe, bin *Augenzeuge für Millionen*. Außer daß ich leider nichts von Politik verstehe, auch nichts von Ideologien. Ja, mir scheint, ich besitze keinerlei Sachbezogenheit. Was mich anrührt, sind bestenfalls die einzelnen Politiker selber, oder die Ideologieträger. *Nicht darauf kommt es an, was einer glaubt. Sondern nur auf das, was er mit seinem Glauben anfängt*. Dieser Satz von Lichtenberg ist mir aus dem Herzen gesprochen. Mich interessieren nur Individuen und ihre Gefühle. Oder vielleicht sind es auch bloß meine eigenen Gefühle zu den Leuten? Manchmal argwöhne ich sogar, für mich wären die Ereignisse nur eine Art Vorführung auf meinem Privattheater, die handelnden Personen dessen Bühnenfiguren. Darf man das? Immerhin muß etwas davon beim Publikum angekommen sein, denn ich habe auf diese Art ein halbes Jahrhundert lang meinen Unterhalt bestritten.

Zurück zu Adenauer, der als Katholik, als rechtschaffener Zivilist und als Antinazi (oder zumindest A-Nazi) den Franzosen einigermaßen sympathisch vorkommt. Nur daß die Nazizeit, in ihrer Bestialität, anstatt durch Umsturz oder Bußgang jetzt von diesem rheinischen Biedersinn, dieser fadenscheinigen Restauration abgelöst würde, das hatte man sich dann doch anders vorgestellt. Natürlich bringe ich nur wenig davon in meinem Kommentar, sondern ergehe mich hauptsächlich über die Bedeutung der Stunde für unsere beiden Länder und für Europa. Noch bin ich am Flughafen mit meinem Monolog zugange, als man leider schon die Bundeshymne zu spielen beginnt, sodaß ich meinen Text über Blasmusik zu Ende hecheln muß. Ein Sakrileg! Was man mich auch prompt wissen läßt: »*Herr Kollege Troller, Sie scheinen nicht zu begreifen, daß man über Volkshymnen den Mund hält. Ich denke, damit läßt sich unsere Zusammenarbeit als erledigt betrachten.*« Am nächsten Morgen wird der Kanzler an einem diplomatischen Empfang teilnehmen. Vor Beginn dränge ich mich unverschämt – aber was habe ich zu verlieren – zu ihm durch und bitte um Intervention beim Sender. Natürlich fegt er mein Ansinnen mit einer Handbewegung vom Tisch. Erweist sich aber danach als durchaus zugänglich. Ich bekomme ein tadelloses Interview, dessen Inhalt ich nur leider inzwischen total verschwitzt habe. Beim Sender ist man begeistert, von einer Kündigung nicht mehr die Rede.

Kurz darauf Interview mit Pierre Mendès-France, dem neuen französischen Ministerpräsidenten. Als erster Jude seit Blum, der einst in der Vorkriegszeit die linke Volksfront ins Leben rief. Ein Gleiches will *PMF* nicht gelingen. Lädt mich zu sich nach Hause, zeigt mir sogar mit sephardischem Ahnenstolz sein Familienalbum. Ein *Gerechter*, wie man nach meiner Erinnerung an verflossene Religionsstunden diese Ausnahmemenschen nennt. Daher unbeliebt im Parlament, das mehr auf Schliff und verbale Brillanz setzt als auf Ehrgefühl. »*Monsieur Mendès überzeugt, anstatt zu überreden*« – gibt es ein bezeichnenderes französisches Wort? Auch legt man hier gern seine Initialen PMF als *peut mieux faire* aus, also: kann Besseres leisten, eine beliebte Schulmeister-Benotung. PMF ist dazu bestimmt, ein Land zum Entkolonisieren zu bringen, das nicht entkolonisieren will, aber doch muß. Steht also auf verlorenem Posten. Nun hat der Unglücksrabe sich noch auf einen aussichtslosen Nebenschauplatz begeben: Den Alkoholbrennern das Handwerk zu legen, die mit ihren fahrbaren Destillen den Bauern ihr Obst zu Schnaps verkochen. Der dann unkontrolliert, und natürlich unversteuert, auf die Märkte gelangt, ein Verlust von Millionen. Noch mehr geht es ihm um die

Volksgesundheit, die seit je an übermäßigem Alkoholkonsum leidet. Also propagiert er eifrig das Milchtrinken, hat sich auch, leider Gottes, mit einem Glas Molke in der Hand ablichten lassen, ein Hochgenuß allen Karikaturisten. PMF klagend zu mir: »*Dabei geht mir nichts über einen guten Bordeaux.*« Am Ende wird der Mann, der sich lebenslang auf sein Amt vorbereitete, nach bloß sieben Monaten Amtszeit abgewählt. Um in Bälde von einem anderen, aber unendlich schlaueren Idealisten ersetzt zu werden: Charles de Gaulle.

Danach mache ich, allen Warnungen des Senders zum Trotz (wen interessiert schon dergleichen), eine Reportage über die Bukuinisten am Seineufer. Dabei ein unerwarteter Glückstreffer: eine Erstausgabe des *Götz von Berlichingen*! Von weiß Gott welchem verhungerten Emigranten abgestoßen. Mein Publikum wider alle Erwartungen begeistert, bin also nicht der einzige Antiquariatsmarder auf Erden. Und noch eine Überraschung: Es meldet sich telefonisch ein Herr von Berlichingen, offenbar ein Nachfahr, der mir den Band abschwatzen will, praktisch um jeden Preis. Natürlich gebe ich ihn nicht heraus. Was sich allerdings später als Fehler erweisen wird, denn, wie ich erfahre, handelt es sich bloß um einen Raubdruck.

Gleich anschließend zu Mittag verabredet, in einer Brasserie hinter der Notre-Dame, mit Auguste Le Breton. Dem Autor des Filmkrimis *Rififi* von Jules Dassin, der eben in den Pariser Kinos volle Häuser macht. Hinreißend geschildert der Einbruch durch die Decke einer Bank, wobei uns die schwer bemühten Ganoven immer vertrauter, ja sympathischer werden. Am Ende tragischer Ausgang, poetisch verbrämt: Was ist schon der Einbruch in eine Bank, verglichen mit dessen schmerzlichem Scheitern? Le Breton

– dies nur sein Deckname im *milieu*, der Unterwelt – ist heutzutage ein besorgter Familienvater samt Vororthäuschen. Aber war schon als Junge Verbrecher mit Knasterfahrung ... und einschlägigem Slang. *Du Rififi chez les hommes* – dies der eigentliche Titel der Romanvorlage – bedeutet demnach *Zoff unter den Halunken*. Der Autor verbittet sich aber jede weitere persönliche Nachfrage: »*Der Bretone redet nicht und wird nie reden.*« Erzählt immerhin gern von seiner Bekannten und wohl Freundin Edith Piaf: »*Frigid wie ein Eisschrank, wahrscheinlich von ihrer verzweifelten Kindheit her. Erwartet von jedem Mann die Erlösung, und dann war's wieder nichts. Obwohl sie doch die potentesten Männer ihrer Zeit ins Bett kriegte. Komischerweise verwechselte sie immer Körpergröße mit Größe des Stengels. Weswegen auch kleinere Männer bei ihr auf Dauer keine Chance hatten – ich denke da an Charles Aznavour oder mich selber.*«

Besuch in der *Cinémathèque* bei deren allwissendem Faktotum Lotte Eisner, Autorin von *Dämonische Leinwand* (über den expressionistischen Film). Zufällig anwesend der Überlebende der Gebrüder Lumière. Es ist Auguste, geboren 1862! Die beiden haben nicht nur 1895 den Cinematographen erfunden, sondern acht Jahre später auch den Farbfilm. Nach seiner Meinung zum heutigen Kino befragt, meint Auguste achselzuckend: »*Ich fürchte, mit dem Tonfilm hat sich auch die gesamte Filmkunst ein Bein gestellt. Vorher mußte man jedes Bild nach seiner Bedeutung befragen wie ein Gemälde. Heute kann das Bild sprechen, aber hat wenig mehr zu sagen.*« Anschließend treffe ich endlich auch einmal den kugelrunden Patron des Ortes, Henri Langlois. Den »*Drachen, der unsere Schätze bewacht*«, laut

Cocteau. Hat eigenhändig 50 000 Filme zusammengetragen, ein unersättlicher und ewig unzufriedener Querulant, wie so viele Sammler. Faust als Teddybär, notiere ich mir. Jeden Abend spielt er drei seiner Klassiker den Anhängern vor, die sich später als *Neue Welle* konstituieren werden. Die Filme verstaut er, wo immer er Platz dafür findet, angeblich auch in der eigenen Badewanne. Beim Hinausgehen zeigt mir Lotte im offenen Hinterhof ganze Stapel von Filmbüchsen. Als einzige Markierung schmale Papierstreifen zwischen Dose und Deckel, mit Namen wie *Theda Bara* oder *Pat und Patachon*. Einige der Zettel sind schon vom Regen herabgewaschen und liegen herrenlos auf dem Pflaster. Zum Abschied beklagt Lotte, daß die besten deutschen Filme derzeit aus dem Osten stammen. Während der freie Westen es gerade zu Sissis und Silberwaldförstern bringt. Warum? »*Bloß nicht mit der Vergangenheit konfrontiert werden. Ist aber vielleicht auch nur eine Art Überwinterung, ein Heilschlaf*«, meint die Emigrantin tröstlich.

Auf ihren Tipp hin jage ich dann zum Hotel Raphael, Edelherberge der Filmkünstler, wo Ingrid Bergman heute eingetroffen sein soll. Nach langem Warten in der Hotelhalle endlich Auftritt der Diva. Allerhand Blumensträuße im Arm, aber zu unserem Leidwesen sehr unsexy in mausgrauem Kostüm. Natürlich wissen wir alle, daß Ingrid drüben zur Empörung Amerikas ihre Familie verlassen hat, um die Hauptrolle in Roberto Rossellinis Film *Stromboli* zu spielen, sowie auch in seinem Leben. Darf man zu ihr von diesen Dingen sprechen? Eine mitgereiste Pressedame winkt drohend ab, sonst Hinauswurf. So bleibt es bei einem Filmgespräch (jeder Journalist bekommt gerade zehn Minuten) über den italienischen Neorealismus. Ja, es sei tatsächlich alles improvisiert worden. Man erhalte eine vage Idee, um welche Emotionen es ginge, danach habe man Körpersprache und Dialog aus sich herauszuholen. Daher auch kaum Großaufnahmen möglich, weil weder Regisseur noch Kameramann weiß, was die Akteure vorhaben. Ob denn der unerläßliche Ausbruch des Vulkans auch improvisiert worden sei, frage ich anzüglich? Sie lächelt zum einzigen Mal: »*Ein reiner Glücksfall. Der sich aber im Filmgeschäft nur einzustellen pflegt, wenn man fest an ihn glaubt.*«

Am folgenden Tag Interview mit der kleinen Dichterin Minou Drouet, gerade acht Jahre alt geworden. Ein Wunderkind! Verleger Julliard, einst Entdecker jenes anderen Wunderkindes Françoise Sagan, hat sie aus ihrer verschlafenen Bretagne nach Paris geholt, zusammen mit Ziehmutter Claude. Und schon gibt es die unerläßliche *plaquette*, einen dünnen Luxusdruck mit zehn Gedichten. »*Ich holte mir vom Himmel / die sanftesten Sterne / sie glitten wie Tränen / über die kalten Wangen der Nacht.*« Schreibt so eine Achtjährige? »*Ein Genie. Kunst in all ihrer Reinheit*«, schwärmt ein Mitglied der *Académie Française*. Dann aber setzt die Frauenzeitschrift *Elle* eine Reporterin auf die Story an. Das Resultat: »*Minou kennt nicht einmal die Wörter, die sie in ihren angeblichen Gedichten verwendet. Wahrscheinlich ist alles von ihrer Ziehmutter erdacht. Eine reine Fälschung!*« Worauf wiederum der *Express* zu ihrer Verteidigung antritt: »*Der fragilste aller menschlichen Mechanismen: ein Dichter!*« Auch ich werde zu einem Interview vorgelassen. »*Minou, wie fallen dir deine Gedichte ein?*« Sie aber wendet sich stumm ab, im tiefsten verletzt. Ich habe den unverzeihlichen Fauxpas begangen, sie mit *du* anzureden. Und das in einem Land, wo man die Kinder schon in der Volksschule Monsieur und Mademoiselle tituliert. Und wo sich sogar die feinen Ehepaare, wie z.B. die de Gaulles, in der Öffentlichkeit siezen.

Nun bekomme ich auch endlich meinen ersten Presseausweis. Verliehen vom Amt für die Auslandspresse, *rue Lord Byron* hinter den Champs-Élysées (und dicht neben einem stadtbekannten Bordell). Was solch Ehre zu dieser Zeit bedeutet, erfahre ich nach und nach von den Kollegen. Ein französischer Journalist hat primär zu wissen, von wem sein Blatt oder Medium gekauft ist, aber darüber den Mund zu halten. Ohnehin soll er prinzipiell jemand sein, der sehr viel weiß, aber wenig davon verlauten läßt. Er ist informiert, das reicht. (Manch einer hat sich schon hinaufgehangelt in höhere politische Sphären mit diesem Wissen.) So ein Mann – es sind immer Männer – bringt also wenig Konkretes ins Publikum, wenn auch mit ausgesuchten Worten. Läßt aber dabei durchblicken, was er alles bringen könnte, wenn er bloß wollte. Nur solche elenden Witzblätter wie die *Angekettete Ente* versteifen sich auf die grobe Recherche. Viel lieber kommentiert man Angebliches, dementiert ungenannt Bleibendes, kolportiert Gerüchte, berichtet aus besten Quellen. Schließlich: Der Lieblingsausdruck des damaligen französischen Journalismus hatte zu lauten: »*Wie bekannt*«. »Wie bekannt war uns das alles schon längst bekannt, wir haben es aber aus den bekannten Gründen nicht bekanntgemacht.« Amen. PS: Daß sich inzwischen, angespornt von der sogenannten *presse people*, auch hier die Zeiten geändert haben, ist sicher. Und doch hörte ich noch kürzlich aus dem Mund des Chefredakteurs von *Paris Match* folgenden Satz: »*In gewissem Sinne ist Frankreich noch immer eine Monarchie, wo jeder alles weiß, aber keiner irgend etwas sagt* …« Naturgemäß besitze ich jetzt neben der Pressekarte auch noch meinen *maccaron*, das kastanienförmige Abzeichen der Polizeipräfektur. Den blechernen *coupe-file*, der mir erlaubt, Sperren zu durchbrechen. Sowie die *brassard* genannte Armbinde, die mich bei Demos vor Polizeiübergriffen schützen soll. Mit anderen Worten, ich darf als ein Unerschrockener auftreten in einer jetzt mehr und mehr von Unruhen geschüttelten Stadt. Die seit Krieg und Besatzung die ihr zustehende Rolle nicht mehr recht zu finden weiß.

11. Juni 1955. Als neugebackener Inhaber eines offenen Sportkabrioletts – es ist ein britischer Triumph TR2 – bin ich jetzt zu meiner Verwunderung auf Autorennen abgefahren. Scheue auch nicht, mein Arriphon im Kofferraum, die endlose Strecke zu den *24 Stunden von Le Mans.* Sensation des Tages: Nach zwei Jahren Unterbrechung ist Mercedes wieder angetreten, mit solch weltberühmten Formel-1-Fahrern wie Kling, Moss, Levegh, Fangio. Und zwar auf dem rassigen Typ 300 SLR, unter Aficionados bekannt für seine hochschwingenden Flügeltüren, und jetzt auch die neue ausfahrbare Luftbremse im Heck. Hier, bei diesem traditionellen Wettstreit der Sportwagen, ist alles noch amateurhaft ursprünglich. Die Rennstrecke stellenweise bloß fünf Meter breit, die Zuschauer bestenfalls durch Strohballen geschützt. Und dann passiert's! Leveghs Mercedes stößt während eines Ausweichmanövers bei 300 Kilometern pro Stunde mit Macklins viel langsamerem Austin-Healey zusammen, wirbelt ihn gegen die Zuschauertribünen wie einen gigantischen Feuerball. Es gibt 83 Tote, 120 Verletzte und einen Brand, der erst nach Stunden gelöscht werden kann. Ich selbst bin, da verspätet eingetroffen, nur hoch oben auf der Tribüne untergekommen und bleibe glücklicherweise unverletzt. Inzwischen läßt man das Rennen weiterlaufen, angeblich um eine Panik zu vermeiden. Aber letztlich weil *the show must go on.* Schließlich gewinnt der britische Jungmeister Hawthorne auf seinem grünen Jaguar (und kommt

nicht lang danach bei einem ganz banalen Straßenunfall ums Leben). Mercedes aber zieht sich auf Jahrzehnte vom Rennsport zurück und wird erst Mitte der neunziger Jahre wieder einsteigen.

Kurz danach allerhand Aufregung um den Architekten, der sich Le Corbusier nennt, der Rabenfänger. Dieser Bewunderer des Brutalismus hat einen Bauplan für das geschichtsträchtige Marais-Viertel vorgelegt, Heimstätte auch seit Jahrhunderten des jüdischen Ghettos. Sein Rezept: Alles abreißen und durch 18 aufgereihte Glastürme ersetzen. Dabei wohnt er selbst in einem klassisch verschnörkelten Eckhaus am *Boulevard Raspail.* Dieser Schweizer ist auch ein Anhänger des umstrittenen Arztes (und Nobelpreisträgers) Alexis Carrel. Der schon Jahre vor dem Holocaust, nämlich anno 1935, in Erwägung zog, einen Teil der französischen Bevölkerung zu vergasen, um damit Platz zu schaffen für das »*virile Element*«. Da mir ein Sender die Reise anbietet, fahre ich mit dem Nachtzug nach Marseille, um dort Le Corbusiers berühmte Wohnmaschine, die *Strahlende Stadt* zu besichtigen.

Ein origineller Wabenbau, mit kunterbunten Öffnungen und Balkonen nicht übel anzusehen. Nur warum der ganze Block auf mammutenen Betonstelzen lagern muß, ist nicht auszumachen. Hier im Erdgeschoß könnte man doch allerhand Läden und Lokale unterbringen. Daß diese dann bei näherem Zusehen auf fast allen Etagen zu finden sind, scheint die ohnehin mißvergnügten Bewohner nur noch mehr zu verstören. Vielleicht weil man ihnen damit das bißchen Abenteuer des Ausgehens auch noch versalzt. Der Mensch auf den möglichst passiven Konsumenten herabgestimmt – irgend etwas in den ewig unruhebedürftigen Franzosen scheint sich (noch) dagegen zu sträuben. Siehe dazu auch die wütenden Straßendemonstrationen der kleinbürgerlichen *Poujadisten-Partei*, ausgerechnet gegen die neuen Supermärkte.

Danach kleine Kulturreportage im Louvre vor der Mona Lisa, mit Volksbefragung, was es mit ihrem Lächeln auf sich hat? Die häufigsten Antworten: »*Weil sie in ihren Leonardo verliebt ist.*« – »*Weil sie ein Kind von ihm erwartet.*« – »*Weil ihr der Maler fürs Modellsitzen ein saftiges Honorar zahlt.*«

Dann ein aufregender Tag: Die junge Schauspielerin Jean Seberg getroffen, natürlich im Hotel *Raphael*. Mitsamt ihrem Entdecker, Mentor und Peiniger, dem Regisseur Otto Preminger. Dieser Wiener Oligarch hat anscheinend in Amerika einen landweiten Wettbewerb veranstaltet, um eine heilige Johanna zu finden, die gleichzeitig ländlich-sittlich und verführerisch-sexy zu sein hatte, von Talent nicht zu reden. Und machte zuletzt seine Jean ausfindig unter, wie er behauptet, 18 000 Kandidatinnen. Preminger ein massiver Kahlkopf, arrogant, genialisch. Sein bisher größter Hit ist *Der Mann mit dem goldenen Arm*. Nach einem Roman von Nelson Algren, hier unter Eingeweihten als zeitweilig große Liebe von Simone de Beauvoir bekannt. In der Hauptrolle des Drogenspritzers unerwartet Frank Sinatra, nachdem Brando den Part strikt ablehnte. Der erste Rauschgiftfilm überhaupt, berichtet Preminger stolz, den er erst nach langem Kampf mit der Zensur durchpauken konnte. Ich versuche auf Jean umzuschwenken, aber der Regisseur ist noch nicht fertig mit sich. Denn wäre es nicht erst seit diesem Film in Hollywood möglich geworden, ein Doppelbett im Bild zu zeigen – Küsse jenseits von drei Sekunden auszudehnen – sowie im Dialog solche allgemeingültigen Ausrufe unterzubringen wie *shit*, *Christ* oder sogar *fuck*? Wobei Jean, die angeblich erst Siebzehnjährige, ihrem Pygmalion begeistert zustimmt. Endlich darf ich mich an sie wenden. Ob sie ihre großen Vorgängerinnen in der Rolle der Heiligen je im Film gesehen hat? Also die erschütternde Falconetti in dem Klassiker von Carl Dreyer? Oder auch Michèle Morgan vor zwanzig Jahren, oder vor zehn eine jugendliche Ingrid Bergman? (Offenbar muß in jeder Dekade eine neue Jungfrau her.) Darauf ein spitzbübisches Lachen, sogar ein aufsässiges, das ich ihr gar nicht zugetraut hätte: »*Natürlich hat es mir Otto verboten. Und natürlich habe ich mir in L.A. alles angeschaut.*« – »*Und?*« – »*Aber das waren doch lauter alte Frauen!*« Hierauf werde ich eilig hinauskomplimentiert.

Wir halten jetzt an einem Knackpunkt des Algerienkrieges. Dies ist nicht mehr das ferne Indochina, sondern ein mit Frankreich seit langem verschweißtes Land. Darin eine Million *colons* (französische Siedler), auch eine alteingesessene jüdische Gemeinde. Ich fahre los und miete mich, wie die meisten Journalisten, in dem riesigen Kasten des Aletti-Hotels ein. Werde dort von den Kollegen sofort ins Bild gesetzt. Die Kämpfer der FLN-Befreiungsfront sind überall. Die Armee – sie besteht jetzt aus Wehrpflichtigen – weiß, daß der Krieg verloren ist. Dieser nun auch im Mutterland zunehmend unpopulär wegen der bekanntgewordenen Folterungen, meist durch die *paras* (Fallschirmjäger). Man spricht von Elektroschocks mittels Feldtelefon an den Genitalien, auch bei Frauen. Nun haben in höchster Bedrängnis am 13. Mai 1958 die Generäle Massu, Salan sowie auch der zuständige Minister Soustelle einen *Wohlfahrtsausschuß* gegründet. Der das Land als Französisch-Algerien von den Pariser Lahmärschen, sprich der sozialistischen Regierung unabhängig machen soll. Ihre große

Hoffnung: ein Umsturz durch de Gaulle, den sie für einen der ihren halten. Ich schleppe mich, mitsamt meinem Arrigerät, durch das kochende Land. Und werde prompt zusammen mit einem Kollegen von irgendwelchen schwerbewaffneten Paras verhaftet, die mich stolz zu ihrem Chef verbringen. Es ist General Massu, ein kleiner, leicht beschränkter Haudegen mit netter jüdischer Frau, die mir freundlich Tee anbietet. Ich zücke mein Mikro. Massu: *»Man stellt uns hier vor die Wahl, Koffer oder Sarg. Uns, die wir dieses Land erst zivilisiert haben, die es lieben und bebauen. Und mit den* bicots *(Eingeborenen) in Frieden leben wollen.«* Ich frage ihn nach den Folterungen an den *bicots.* – *»Ach was, wie sonst sollen wir an die Informationen herankommen? Ihr Deutschen habt es doch im Krieg nicht anders gemacht!«* (Angenehmer Vergleich für mich.)

Der Kampfruf der aufständischen Putschisten »*Vive de Gaulle!*« ist auch Massu zu verdanken. Wobei ich mir nicht verkneifen kann, hier genaue zehn Jahre vorauszuspringen. Als nämlich Staatsoberhaupt de Gaulle während des Pariser Studenten- und Arbeiteraufstandes vom Mai 68 leicht verunsichert nach Baden-Baden flog. Um dort von dem Kommandeur der französischen Besatzungstruppen, eben jenem General Massu, zu erkunden, ob die Armee noch hinter ihm stünde? Wobei folgende Begrüßung stattgefunden haben soll. De Gaulle: »*Na, Massu, immer noch so bescheuert [aussi con]?*« Darauf Massu: »*Jawohl, mein General. Immer noch Gaullist.*«

Abends Schießerei in der Innenstadt. Die Freischärler der FLN werden zusehends waghalsiger. Ich verdrücke mich vorläufig unter ein zerschossenes Armeefahrzeug. Worauf sich prompt neben mir der sympathische Kollege Kageneck einstellt. Gustl von Kageneck vom Deutschlandfunk, Antinazi und Historiker, verheiratet mit einer französischen Kriegerwitwe. Da es hier langwierig zu werden droht, beschließen wir, einander unsere Geschichte zu erzählen. Ich von der Emigration. Er von seinen Erlebnissen als Panzerführer in einer Waffen-SS-Division ... Kurz danach Eintreffen von Ministerpräsident de Gaulle in Algier. Vom Balkon des *Forum* genannten Regierungsgebäudes hält er eine pathetische Rede. Die mit »*Ich habe euch verstanden*« anhebt und mit »*Vive l'Algérie française!*« endet. Stürmische Begeisterung. Bald darauf steht de Gaulle an der Spitze des Staates. Und wird notgedrungen genau das Gegenteil des Gesagten in die Wege leiten, nämlich die Unabhängigkeit Algeriens. »*Von allen Gewerben ist die Politik das schmutzigste*«, klagte mir schon Pierre Mendès-France.

Übrigens, wiewohl kein Vergötterer des Generals, mochte ich doch seinen bärbeißigen Humor, sein kerniges Landsknechtsidiom. Nur leider setzt er, als Verächter der Journalistik, seine Pressekonferenzen grundsätzlich erst auf drei Uhr nachmittags an. Auch sind, wie man hört, die ihm genehmen Fragen bereits vorher an ihm genehme Reporter verteilt. Parkplätze am Élysée und Umgebung gibt es natürlich nicht. Ich muß also anschließend mit meinem schweren Gerät im Laufschritt zum Studio zurück. Um halb fünf hole ich eigenhändig per Schere und Kleber die Kernsätze aus dem Tonband (noch heute kann ich jede Stimme im Rückwärtslauf identifizieren). Um fünf gebe ich mir ein Viertelstündchen zwecks Übersetzung und einleitendem Text, denn direkt danach beginnen ja schon die Überspielungen an meine Sender. Diese mußten natürlich vorher telefonisch abgesprochen werden. Und wie das in dem seinerzeit so technikfeindlichen Frankreich vor sich ging, hier ein Beispiel aus meinen Notizen.

Journalist am Telefon: Mademoiselle, ich habe vor einer Dreiviertelstunde ein R-Gespräch nach Köln angemeldet, und es ist noch nicht eingetroffen. *Telefonistin*: Köln können Sie jetzt durchwählen. *Journalist*: Ich weiß. Aber ich rufe per R-Gespräch, vom Empfänger bezahlt. Und da kann man nicht durchwählen. *Telefonistin*: Einmal Reklamation Nummer strsprskrk. *(Hängt auf.) Journalist:* Mademoiselle! Mademoiselle! *(Wählt von neuem.) Telefonistin:* Ausland! *Journalist*: Sind Sie die Dame, mit der ich eben gesprochen habe? *Telefonistin*: Woher soll ich das wissen? *Journalist*: Ich habe eben mit einer Dame über meinen Anruf nach Köln gesprochen und –. *Telefonistin*: Köln können Sie jetzt durchwählen. *Journalist*: Ich weiß. Aber –. *(Wählt von neuem.) Telefonistin*: Ausland! *Journalist*: Mademoiselle, ich wollte nur wissen, ob ich ein angemeldetes R-Gespräch nach Köln noch auf Eilgespräch umschreiben kann, weil –. *Telefonistin*: Einmal Eilgespräch nach Köln. Welche Nummer? *Journalist*: Nein, ich habe bereits ein R-Gespräch angemeldet und –. *Eine andere Telefonistin (schaltet sich ein)*: Hallo, sind Sie 308-7632? Hier kommt Köln für Sie. *Köln (meldet sich)*: Schuhhaus Pumperdick! *Journalist*: Ich habe aber den WDR angemeldet. *Köln*: Wen? *Journalist*: Den Westdeutschen Rundfunk. *Köln*: Hier ist Schuhhaus Pumperdick! *Journalist*: Schöne Grüße nach Köln. *(Wählt von neuem.) Telefonistin*: Ausland! *Journalist*: Mademoiselle, ich warte seit einer geschlagenen Stunde auf Köln und –. *Telefonistin*: Köln können Sie jetzt durchwählen. *Journalist*: Man hat mich aber eben verbunden, und es war eine falsche Nummer. *Telefonistin*: Einmal Reklamation Nummer prsstrtzkrk. Welche Nummer haben Sie verlangt? *Journalist*: Zwo null sieben null eins. *Telefonistin*: Und welche Nummer haben Sie erhalten? *Journalist*: Das weiß ich doch nicht.

Es war ein Schuh-. *Telefonistin*: Wenn Sie es nicht wissen, wie sollen wir es dann wissen? Vielleicht hat sich die Nummer geändert. Ich gebe Ihnen die Auskunft. *Journalist*: Nein, nein, Mademoiselle, ich flehe Sie an, ich –. *Telefonistin*: Auskunft! *Journalist*: Ich habe nicht die Auskunft verlangt, sondern eine Nummer. *Telefonistin*: Wo? *Journalist*: In Köln. Cologne. *Telefonistin*: Pologne? Telefonverbindungen nach Polen sind von unbestimmter Dauer. Sind Sie bereit zu warten? *Journalist*: Nicht Pologne! Cologne! C wie Cäsar! *Telefonistin*: Cäsar – ist das der Vorname oder der Zuname des polnischen Herrn?

Na, und so weiter. Meine beste Erholung von solchen Strapazen bietet mir dann oft die deutsche Buchhandlung *Calligrammes* in Saint-Germain-des-Prés. Ihr Gründer, Fritz Picard, mit gewaltigem haarumkränzten Schädel ausgestattet wie Gerhart Hauptmann, ist ein Urquell vergessener Geschichten aus den Goldenen Zwanzigern. Döblin, Remarque, Heartfield, George Grosz ... er hat sie alle gut gekannt und mit ihnen Geschäfte gemacht. Hier treffe ich auch auf Walter Mehring, einst Berliner lyrische Größe, jetzt dahingeschrumpfter Emigrant in der Schweiz. Und kürzlich ist ihm auch noch das Schlimmste passiert, das einem Autor nur zustoßen kann: Ein Paket mit neuem Romanmanuskript ist auf dem Weg zum Lektor perdu gegangen, natürlich handgeschrieben und ohne Durchschlag. Immerhin gibt es eine Neuausgabe seiner Gedichte, *Arche Noah SOS*, nach deren Absatz er sich bei Fritz erkundigt. Da alles noch unberührt dasteht, kaufe ich eilig ein Exemplar und bitte um Widmung. Danach Mehring verkniffen: »*Ihr könnt es ja gar nicht erwarten, daß ich abkratze, um mich als Exilliteratur aufzuarbeiten!*« Ich fürchte, nicht einmal das wird ihm gewährt werden.

Besuch in seiner Garderobe bei dem Pantomimen Marcel Marceau, zu meiner Überraschung ein Vielredner. Ist gerade dabei, sein burleskes Kostüm anzulegen, mit Rose am zerknautschten Zylinder, darunter kalkweiße Clownsmaske. Warum der Mimus gerade im gesprächsfreudigen Frankreich so gut ankommt (siehe Jean-Louis Barrault in *Kinder des Olymp*) kann er auch nicht erklären. Vielleicht Protest des geknebelten Volkes gegen die anmaßende Hofsprache von Versailles? Marcels Glanznummer: ein Zweikampf zwischen David und Goliath, die er beide in blitzschnellen Verwandlungen gegeneinander antreten läßt. Er selbst spricht übrigens fließend Deutsch, was er einem angeblichen Germanistikstudium zuschreibt. Erst nach einigem Nachstoßen tritt zutage, daß er der Sohn eines Straßburger jüdischen Metzgers ist, der »*laut meiner offiziellen Biografie im Krieg als Geisel erschossen wurde. In Wirklichkeit kam er in Auschwitz um, aber wer will das wissen?*« Marceaus eigentlicher Name ist Mangel, den er auch als Kind reichlich genossen haben muß. Zum Schluß der Vorstellung sein *Maskenmacher*, mit leichtem Anklang an Büchners *Leonce und Lena*. Eine Maske nach der anderen – grinsende, melancholische, teuflische – wird abgenommen, bis dann die letzte unverrückbar festklebt. Es ist die Maske des Todes.

Und da wir schon von Masken reden: Verabredet bei der Madeleine in der *Faktorei* mit dem Erfolgsautor Romain Gary. Weshalb ich ihn gerade hierher gebeten habe? Das ganze Lokal ist umrahmt von Glaskäfigen, in denen Leoparden, Tiger, Luchse und ähnliches Getier ruhelos auf- und abwandern. Natürlich das neueste Schmankerl von Paris. Gary seinerseits ist berühmt geworden mit dem Bestseller *Die Wurzeln des Himmels*, der unter afrikanischen Großwildjägern spielt: ein Angriff auf unsere umweltzerstörende Zivilisation. Jetzt gilt Gary auf einmal als professioneller Tierschützer, eine Art männliche Brigitte Bardot. Aber als was gilt er nicht, bzw. gibt sich als solches zu erkennen? Edle Denkerstirn, überfließendes romantisches Haar, auf Wildwuchs getrimmter Bart. Reitstiefel, karierte Holzfällerjacke *»zu Ehren meiner tartarischen Vorfahren«*, an die man nicht recht glauben mag. Er ist ja auch im litauischen Wilna geboren, weit weg von der wilden Tartarei. Und zwar als Sohn einer jüdischen Mutter, Nina Kacew. Über die er auch ein liebevolles Buch verfaßte, darin der schöne Satz: *»Ich habe in meinem Leben nur zwei Menschen gekannt, die mir von Frankreich in derselben Tonart sprachen: meine Mutter und General de Gaulle.«* Die Mutter, die es inzwischen bis nach Nizza geschafft hat, zu ihrem einzigen Sohn: *»Du wirst Dichter sein ... Du wirst Held sein ... Du wirst Botschafter sein ... Du wirst die Ehrenlegion haben ...«* Und genau so geschah's. Garys ganzes Leben wirkt, als müsse er seiner Mutter jederzeit gerecht werden, ein dauerndes Rollenspiel. Auch hat er ja nie einen Vater gekannt – war es tatsächlich ein Tartarenfürst, war es der große Schauspieler Mosjukin? Vielleicht ist Gary auch deshalb so versessen darauf, seinem wahren Selbst auf die Spur zu kommen ... oder es zu erfinden?

Im Krieg stößt er zu de Gaulle in London, wird Kampfflieger, hoch dekoriert. Und zehrt die ganze Zeit innerlich von den Beschwörungen der Mutter. Bis er zu Kriegsende erfährt, daß sie schon seit zwei Jahren nicht mehr lebt. Sie hat die ganzen Briefe auf Vorrat geschrieben! Gary ist dann tatsächlich auch Diplomat geworden, nämlich französischer Generalkonsul in Los Angeles (ich wußte gar nicht, daß es dergleichen dort gab). Wo eine Produzentengattin in Hollywood den charmanten Poseur angefleht haben soll:

»Fuck me, Consul General, honey, fuck me!« Vielleicht ist es sogar wahr. Und nun hat dieser Phantast auch noch das Wagnis unternommen, eine um 24 Jahre jüngere Filmdiva zu heiraten. Es ist Jean Seberg, die hier seit Godards *Außer Atem*, mit Belmondo als Partner, geradezu göttlichen Status genießt. Dazu Gary zu mir, mit echter oder vorgetäuschter Geständnisbereitschaft: *»24 Jahre Altersunterschied, da muß man sich schon anstrengen.«* Frage: *»Besonders wenn solche Burschen wie Belmondo in der Gegend herumlaufen?«* – *»Ach was, Belmondo. Jean ist eine Idealistin, reinster Mittelwesten. Immer bloß auf der Suche nach einer guten Sache, für die sie sich total verausgaben kann.«* – *»Aber das können Sie ihr doch bieten?«* Er, mit hintersinniger Grimasse: *»Sagen wir, meine Anliegen ändern sich von Roman zu Roman. Wie die jedes guten Autors.«* – *»Und warum so viele Bücher, zeitweise mehrere im Jahr?«* – *»Jedes probiert eben einen anderen Menschen aus. Immer hundertprozentig ich, aber es sind nicht immer die gleichen hundert Prozent.«* – *»Gibt es Romain Gary überhaupt?«* – *»Manchmal glaube ich ihm zu begegnen, aber er ist mir nicht sehr sympathisch.«*

Mit Jean Seberg ihrerseits, dieser viel fragileren Schwärmerin, geht es jetzt rapide abwärts. Bei einem weiteren Besuch in der gemeinsamen Wohnung, *rue du Bac*, muß ich feststellen, daß Gary sie durch eine Mauer hat entzweiteilen lassen, *»damit jeder von uns sein eigenes Leben führen kann«*. Weder ihr Jeanne-d'Arc-Film noch das darauf folgende *Bonjour tristesse* waren beim Publikum angekommen. So wenig wie die ausschweifenden Sexfilme, die Gary in seiner neuesten Verwandlung als Filmregisseur ihr aufzwang. Inzwischen hat sich Jean mit immer radikaleren Rassenkämpfern zusammengetan, sammelt Gelder für sie, lebt mit ihnen, wird schwanger, gerät in die Fänge des FBI.

Gary, in seiner finalen Rolle als edler Marquis Posa, nimmt die Vaterschaft auf sich. Es ist zu spät. Eines von Jeans letzten Worten, ehe sie im Auto die Überdosis Tabletten schluckt (und erst zehn Tage später dort aufgefunden wird): »*Ich hätte als heilige Johanna auf dem Scheiterhaufen verbrennen sollen.*« Und Garys Epilog, vor dem tödlichen Schuß, schriftlich hinterlassen und mokant wie eh und je: »*Kein Bezug zu Jean. Liebhaber gebrochener Herzen bitte sich anderswohin wenden.*« Wahrscheinlich eine letzte Lüge.

In Jerusalem Eichmann gehenkt! *Vixit amavit* – er lebte und liebte – dieses Motto wäre ungefähr das letzte, was auf dem Grabstein dieses Ekels stehen könnte. Dafür 42 000 Mal in solchen oder ähnlichen Worten eingraviert auf dem Hundefriedhof von Asnières bei Paris. Weitere Sprüche: »*Der Hund ist die Tugend, die nicht Mensch werden konnte – Victor Hugo.*« – »*Dicky, viele haben gewußt, was mir abgeht. Nur du hast es mir geben können.*« – »*Meine kleine Puce, immer habe ich gehofft, daß ich einmal der erste bin, der geht.*« – »*Unter diesem Stein liegt ein Herz, das mehr wert war als meines.*« Auch Katzen, Affen, Vögel, Kaninchen, Meerschweinchen, ein Hahn, eine Füchsin. Und ein Bernhardiner, der am Sankt-Gotthard vierzig Menschen das Leben rettete. Der 41. war ein Soldat aus Napoleons Armee, der ihn für einen Wolf hielt und erstach. »*Nun denn, meine kleine Nita, niemand mehr im Haus. Du allein und ich allein.*« – »*Wenn ich gehe, wird keiner mehr von dir wissen. Wie kann das sein?*« – »*Richard, sechs Jahre. Liebe und Poesie.*« – »*Hier liegt mein Herz.*«

Kurz danach überraschender Anruf vom Westdeutschen Rundfunk, Abteilung Fernsehen. Bei einer Neuverteilung in der ARD sei Frankreich jetzt zum Kölner Sender geschlagen. Dort habe man ein TV-Magazin gestartet mit Namen *Pariser Journal*. Und leider wäre da schon bei einer der ersten Sendungen ein Knatsch passiert, es habe nämlich der Filmemacher die ganze Handkasse am Pigalle verjubelt. Ob ich mir, als *»gestandener Pariskenner«*, die Sache zutraue? Oder andernfalls einen Kollegen empfehlen könnte? Der zweite Satz bringt natürlich den Ausschlag, ich sage sofort zu, allerdings ohne den geringsten Begriff, wie man dergleichen anpackt. Und auch ohne jede Ahnung, welchen Effekt diese Sendung auf den Rest meines Lebens haben würde. Demnach im folgenden meine letzten Rundfunkreportagen.

Immerhin jetzt schon aufgenommen mit dem handlichen Uher-Gerät. Dem gleichen, auf dem Präsident Nixon bald darauf jene fatalen 18 Minuten löschen würde, die mit zu seinem Sturz führen sollten. Heute nun Besuch bei einem Mann, den man in etwa Nixons genaue Gegenfigur nennen könnte: dem Dramatiker Arthur Miller (*Tod eines Handlungsreisenden*) in angemietetem Logis hinter dem *Boulevard Raspail*. Stattlicher Mann mit Boxerkinn und faltigem Langschädel. Höllisch gebildet, politisch versiert, sehr links. Aber wenig unausgelotetes dichterisches Territorium mehr (vielleicht irre ich mich da). Nach einigen Floskeln komme ich auf mein vorgesehenes Thema, Millers aktuelles Broadwaystück *After the Fall*. Und ob der Autor sich vielleicht hier in Paris vor der Empörung verstecke, die das Werk dort drüben auslöste? Diese doch allzu psychoanalytisch geratene Sezierung der Seelenprobleme von Marilyn Monroe, mit der er ja vier Jahre verheiratet war? Unbegreifliche Verblendung bei diesem profunden Menschenkenner: nicht zu ahnen, daß sein Publikum eher der hilflos-aggressiven Hysterikerin des Dramas zugetan sein würde, als ihrem supergescheiten Gatten. Plus diesem Bühnenbild, das reichlich gewagt einen symbolischen Auschwitz-Wachtturm zeigt, Ehe als KZ? Dazu Miller unbeirrt: »*Es sollte eben dargetan werden, daß auch unser alltägliches Leben sich am Abgrund bewegt.*« Lenkt dann zum Nazismus über, der seinerseits doch auch auf Millionen frustrierter Einzelschicksale zurückginge. Was mir ein bißchen zu seicht gegriffen scheint, angesichts dieses mystagogischen Teufelsdrecks. Immerhin bewundernswert Millers wahre poetische Quelle, das, was er »Selbstkonfrontation« nennt. Also der eigenen Vergangenheit und ihren Motivationen rückhaltlos gegenüberzutreten. »*Davon aber sind Ihre Deutschen noch weit entfernt – wann werden sie endlich lernen, sich mit den Opfern ihrer Befehle zu identifizieren, anstatt mit den Befehlsgebern?*« Was ich ihm allerdings auch nicht beantworten kann.

22. Januar 1963, meine endgültige Rundfunkreportage: Unterzeichnung des deutsch-französischen Freundschaftspakts im Élysée-Palast, Salon Murat. Staatspräsident de Gaulle, gefinkelter Bühneninszenator, tritt mit engelsgleich ausgebreiteten Armen auf Kanzler Adenauer und Premierminister Pompidou zu, schiebt die beiden, als hochentrückter Schirmherr, gegeneinander wie die zerstrittenen Kinder. Hierauf allgemeines Küßchengeben, Reden und Unterschriften. Ich bewundere das choreographische Arrangement, klassische französische Diplomatie. Und freue mich, wie nunmehr die Aussöhnung verbrieft und besiegelt ist zwischen dem Volk, zu dem ich mich einst flüchtete, und dem, das mich verstieß.

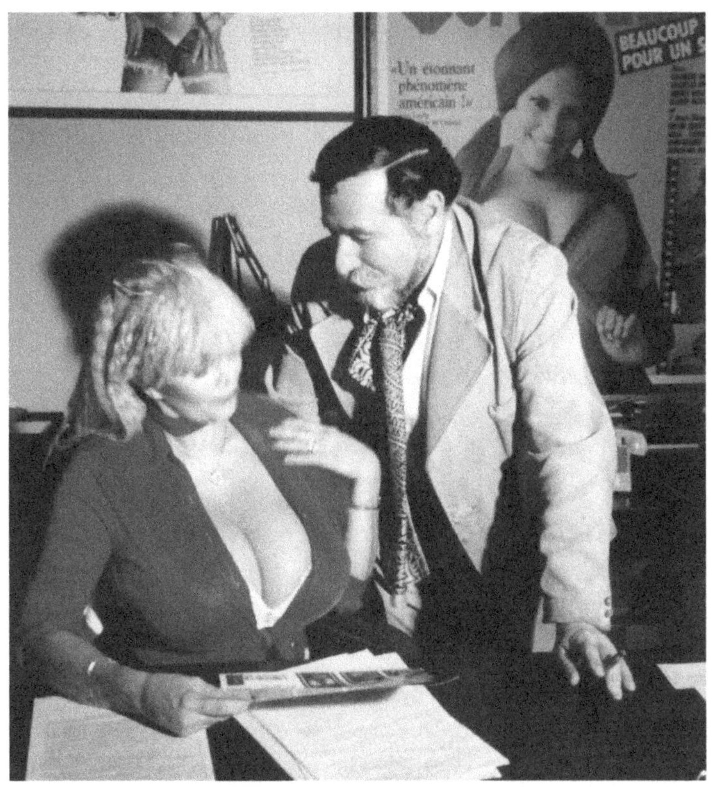

Bei der Sekretärin von Sexfilmer Russ Meyer

MEINE BLAMAGEN

»Für mich ist Ihr Fernsehen nichts als ein großes Restaurant. Die Zuschauer sind die Gäste, Sie sind der Kellner, und ich … ich bin das Schnitzel.«

Thomas Brasch

In einer achtlosen Stunde muß ich einmal behauptet haben, ich hätte zweitausend Interviews in meinem Leben absolviert. Diese erschreckende Zahl wird mir jedenfalls immer wieder vor Augen gehalten. Heute bin ich überzeugt, daß es höchstens die Hälfte gewesen sein können. Sagen wir eintausend Menschen, in deren Inneres ich mich einzuschleichen versuchte, soweit verbaler Dialog das hergibt. Wie viele von ihnen haben uns etwas gebracht, gar etwas Neues zur Welt gebracht? Unmöglich, das heute noch auszumachen. Schon eher im Gedächtnis bleiben einem die Fiaskos, die grotesken Versager, die albernen Flops. Warum? Laut Woody Allen, einem meiner eklatantesten Schiffbrüche, merkt sich der Mensch ganz allgemein seine Nieten eher als seine Triumphe. Siehe dazu den wehmütigen Satz des Wiener Haut- und Seelenspezialisten Dr. Arthur Schnitzler: *»Es gibt so viele Krankheiten, und nur eine Gesundheit«* ... Hier also, etwa in zeitlicher Reihenfolge, einige der schönsten Blamagen aus meinem Lebenslauf. Angefangen mit dem jugendlichen Wirrkopf, der sich ahnungslos auf einen Beruf einließ, der letztlich dahin tendiert, seine eigene Identität anzuzweifeln. Denn der gute Interviewer muß sich ja dermaßen auf seinen Gesprächspartner einstellen, sich so in ihn oder sie hineinversetzen, daß er, zumindest zeitweise, fast selbst zum anderen wird. Gelingt ihm das nicht, dann passiert einiges von dem, was folgt.

Es war meine erste Zeit als Rundfunkreporter in Paris. Einen bundesdeutschen Auslandskorrespondenten gab es noch nicht, ja wenn man es genau nahm, noch nicht einmal eine Bundesrepublik. Um über den Rhein zu kommen, brauchte man einen Zonenpaß, und der war nicht leicht zu ergattern. Also arbeitete ich erst einmal in Paris für den Marshallplan. Der kostete die Amerikaner Milliarden, entsprechend wollte man gute Werbung dafür. Meine Aufgabe war es nun, alle möglichen deutschen und österreichischen Sender mit der Botschaft der Überlegenheit westlicher Werte sowie dem Wunschbild eines im Antikommunismus vereinten Europa zu berieseln. Zu diesem Zweck schickte uns das *State Department* diverse Geistesgrößen nach Europa, die man in diesem Sinn befragen sollte. Der erste, der im Studio eintraf, war zu meiner Bestürzung der ruhmreiche Romanautor William Faulkner. Wie sich ihm nähern? Dieser Barde eines halluzinatorisch beschriebenen »Tiefen Südens« mit seinen Besessenen, Mördern, Sadisten und Rassisten, schien mir denkbar ungeeignet, für unsere Hörer den amerikanischen Traum zu repräsentieren. Er hatte auch nicht die geringste Lust dazu. Sondern wollte offenbar nur auf Staatskosten sentimentale Rückschau halten in einem Paris, das er im Weltkrieg als freiwilliger Flieger erlebt hatte. Sollte ich diesen profunden Pessimisten fragen, was er von einem neu zu errichtenden Europa unter amerikanischer Schutzherrschaft halte? Dazu Faulkner – in Mississippi Großgrundbesitzer, Bewohner eines säulengeschmückten Herrenhauses, ein *country gentleman*, der sich schon mal als »Graf Wilhelm von Falkner« zu erkennen gab – mit geheuchelter Bescheidenheit: *»Ach wissen Sie, als kleiner danubischer Bauer hat man nicht so den Überblick.«* Worauf mir keine weitere Frage einfiel. Den »danubischen Bauern« (er hat die Donau nie gesehen) habe ich später auch in anderen seiner Interviews wiedergefunden.

Als nächstes traf der weitgereiste Schriftsteller Thornton Wilder bei uns ein. Professoral, ein bißchen beleibt, anders als der nervige – etwas kleingeratene – schnauzbärtige Offizierstyp William Faulkner. Autor Wilder war in Deutschland schon bekannt und beliebt, weil seine treuherzigen

Stücke *Unsere kleine Stadt* und *Wir sind noch einmal davongekommen* zu den allerersten gehörten, die zur Stunde Null auf deutschen Bühnen gespielt werden durften. Also komme ich mit der unverschämten Frage (man soll im Interview unverschämte Fragen immer erst nach einigen verschämten einsetzen, aber das habe ich noch zu lernen): »*Meinen Sie denn, daß Ihre schlichte Darstellung eines unverdorbenen, ja hinterwäldlerischen Amerika etwas zu Europas Zukunft beitragen kann?*« Darauf Wilder mit anhaltend treuherziger Miene: »*Junger Mann, zu meinem sechzigsten Geburtstag habe ich beschlossen, nur noch Dinge zu tun, die mir Freude bereiten. Und Sie bereiten mir keine Freude.*« (Er war gerade 56.) Und Ende des Gesprächs. PS: Übrigens stand Wilder die freudigste Überraschung seines Lebens noch bevor. Er hatte ja gerade eine ziemlich erfolgreiche Komödie verfaßt, *Die Heiratsvermittlerin*. Beruhend auf Johann Nestroys Wiener Posse *Einen Jux will er sich machen* (welche wiederum auf ein französisches Lustspiel zurückging). Aus seinem Stück fabrizierte man dann am Broadway Jahre später, gewiß nicht zu Wilders Schaden, eines der einträglichsten Musicals aller Zeiten: *Hello Dolly*!

Habe ich meine deprimierendste Schwäche erwähnt, ideal für dieses Metier: Ich besitze kein Gedächtnis für Gesichter? Heut weiß ich damit umzugehen. Und habe bei Begegnungen mit unbekannten Bekannten jederzeit Phrasen parat wie: »*Hallo, wie geht's denn immer?*« Oder: »*Toll, daß man sich hier trifft!*« Wobei auch die leidige Frage umgangen wird, ob man sich vom letzten Mal her duzt oder siezt. Damals als jugendlicher Reporter konnte ich bei solchen Anlässen nur vor Scham in die Erde versinken. Zu dieser Zeit lag mein Wohnhotel am *Square Viviani* längs der Seine, um die Ecke von der Buchhandlung *Shakespeare and Com-*

pany. Daneben ein verschwiegenes Lokal: *Le Tea Caddy*. Die Servierdame nannte sich Delphine. Ein hübsches, abgearbeitetes Wesen mit verdrückter Schürze und strähnigem Haar, die Augen irgendwie violett, aber verborgen hinter dicken Brillengläsern. Ich war gerade ohne Freundin, also tippe ich sie an um ein Rendezvous für kommenden Sonntag. Zur ausgemachten Zeit trete ich ins Lokal. Eine feine Dame schreitet mir entgegen im Couturekleid und blendender Turmfrisur, wohl die feudale Besitzerin der Stube. Ich frage sie nach Delphine ... und den Rest können Sie sich denken. Hätte ich nicht wenigstens die Veilchenaugen wiedererkennen sollen? Noch heute mache ich einen großen Bogen um das Haus, wenn ich in diese Gegend komme.

Inzwischen habe ich begonnen, direkt für den deutschen Rundfunk zu arbeiten. Dazu ackere ich nach und nach sämtliche westdeutschen Sender ab. Von denen es zu meinem Erstaunen nicht weniger als acht gibt. Jedes Mal erklärt man mir ausführlich die Wesensform der *Arbeitsgemeinschaft der Rundfunkanstalten Deutschlands*. Ich nicke gekonnt, verstehe aber nur Bahnhof. Wenn die Leute gewußt hätten, daß ich – ausgenommen das von mir einst mit der *U.S. Army* eroberte München – in keiner dieser Metropolen je gewesen war. Ich kannte dieses neu erstehende Pflänzchen Bundesrepublik gar nicht, das ich nun mit meinen Erkenntnissen begießen sollte. Was tun? Am liebsten stellte ich mich als beschlagener Pariser Journalist dar. Wobei ich unvermeidlich mit der Frage konfrontiert wurde: »*Wieso sprechen Sie als Franzose fast perfekt Deutsch?*« Gern gab ich mich als Elsässer aus, manchmal auch als Südtiroler. Es ging mir auf, daß hierzulande von der Wahrheit meiner Existenz kein Mensch etwas wissen wollte. Bloß nicht dran rühren. Vergiß es.

Einmal hatte ich gerade beim Chefredakteur eines süddeutschen Senders vorgesprochen, als ihn ein dringender Anruf erreichte. Ich höre noch seinen verzweifelten Aufschrei: »*Was, schon wieder die Reichskristallnacht fällig? Igitt, das müssen wir ja irgendwie wahrnehmen!*« Ich erbiete mich, ihm aus der Patsche zu helfen, ich sei seinerzeit in Wien dabei gewesen. Entgeistert starrt er mich an. Ein Augenzeuge? Ein Opfer gar? Das war ungefähr das Letzte, was er seinem Publikum zumuten wollte. Geniert und blamiert verdrücke ich mich nach draußen. Bin ich den deutschen Medien eigentlich unverstellt zumutbar? Oder diesen neuen Deutschen überhaupt?

Zu dieser Zeit steckten die Sender voller Redakteure, die keine blasse Ahnung hatten, wie die Dinge im Ausland funktionierten. Gern malte ich mir aus, wie so ein unbedarfter Vorsteher – es gab kaum Frauen in leitenden Stellungen – morgens unter der Dusche seine Bombenideen kriegte. Ausführen mußte sie vor Ort der geplackte Journalist. Solche brillanten Ideen bekam ich haufenweise, meist telefonisch, noch vor dem Frühstück. »*Machen Sie doch schnell ein Interview mit General de Gaulle – mit Maurice Chevalier – mit Marlene Dietrich – mit Brigitte Bardot ...*« Ja, mach du mal. Bei Brigitte etwa (schön zum Kürzel BB zusammengefaßt) lief alles über eine Agentin namens Olga Horstig-Primuz. Bis heute habe ich den undechiffrierbaren Akzent im Ohr, mit dem Madame dir am Draht die Tür vor der Nase zuschlug. Wozu brauchte sie mich als Werbetrommler, wo sie doch BB-Vergötterer bei der Hand hatte wie Jean Cocteau (»*die Vorsehung hat Brigitte genau an den Schnittpunkt von Traum und Wirklichkeit gestellt*«), Simone de Beauvoir (»*sie würde sogar einen Heiligen in Versuchung führen*«) oder Françoise Sagan: »*Man sieht eine Frau, die Liebe macht wann* sie *will – eine berauschende Erfahrung.*« Zu ihr BB gesprächsweise: »*Was denn, was denn? Bloß nicht alles komplizieren. Man liebt und dann liebt man eben nicht mehr. Ende!*« Oder aber: »*Wenn ein Mann viele Geliebte hat, nennt man ihn einen Don Juan. Wenn eine Frau viele Liebhaber hat, ist sie eine Hure!*« Biographen werden BB an die dreißig solcher Liebhaber vorrechnen: Von ihrem Initialzünder, Regisseur Roger Vadim, über Jean-Louis Trintignant, Raf Vallone, Gilbert Bécaud, Gunter Sachs, nicht zu vergessen Serge Gainsbourg und Warren Beatty, bis zu ihrem laufenden Ehemann, Bernard d'Ormale, leitendes Mitglied des *Front National.* Dazwischen schicke Barmänner und Liftboys. Als ich sie kennenlerne, hat sie gerade ihren Sensationserfolg mit Vadim abgedreht: *Und Gott erschuf das Weib.* Mit Curd Jürgens als Partner. Und vielen – damals ungewöhnlichen – Freilichtaufnahmen. Zumeist aus Saint-Tropez, das damit zum Modebad avancierte.

Größe 1,66, Taille 50, Oberweite 90, Hüfte 88, lange gefärbte Blondmähne – Brigitte mit ihrem »panache« (Schneid, Würde), ihrer Tierschützerpassion und ihrem klassenlosen Charme, im Gegensatz zu der unrettbar bourgeoisen Catherine Deneuve, ist zu dieser Zeit das Ideal aller Franzosen ... und Französinnen. Aber wie an sie herankommen? Da ergibt es sich, daß sie einen ihrer extravaganten Einfälle hat. Zu ihrem Namenstag – ich glaube, es war im Juli – lädt sie sämtliche Brigitten von Paris dazu ein, sie am spielfreien Dienstag im Olympia Music Hall zu besuchen. Wie immer stehe ich als erster vor dem Haus, bald gefolgt von Dutzenden, Hunderten, am Ende wohl an die tausend Brigitten. Schon gibt es ein höllisches Gedränge zum geschlossenen Eingang hin, Schreie, Pfiffe, Polizei fährt auf. Ich verdrücke mich in die *rue Caumartin* zum Bühneneingang (*entrée des artistes*). Und tatsächlich: Nach wenigen Minuten erscheint eine bleiche Brigitte, von zwei schwergewichtigen Gorillas aus dem Haus gelotst. Eine Chance wie noch nie! Schon habe ich das Mikro parat. Und zücke meinen Spickzettel. Auf den ich besonders originelle Fragen notiert habe, die sie auch prompt beantwortet. *»Madame, was war der der schönste Tag in Ihrem Leben?« »Es war eine Nacht.« »Was macht Sie am meisten bei einem Mann an?« »Seine Frau.« »Warum tragen Sie nie Lippenstift?« »Das hinterläßt Spuren.« »Welches ist die dümmste Frage, die man Ihnen je gestellt hat?« »Diese!«* Ich bin begeistert. Welch ein Scoop. Nur leider, was ich nicht ahnte: Es waren genau die nämlichen Fragen, die ihr jeder Journalist von Anbeginn gestellt hatte. Die Repliken ihr wohl einstudiertes Standardrepertoire. Und als solches in allen Medien längst gelaufen.

Eine Schlappe, die laut Redaktion nur durch ein persönliches Interview mit Picasso wettzumachen war. Das habe ich auch geschafft, nur leider ... aber das kommt gleich. Immer schon war ich sein Bewunderer gewesen. Je grotesker und karikaturenhafter seine Figuren, desto besser gefielen sie mir. (Es war eben, hinter der Wiener Sentimentalität, unser verstecktes kaustisches Lebensgefühl). Picasso hatte, im Gegensatz zu Brigitte, nur mit sieben Frauen zusammengelebt, deren jeder er jahrelang verbunden blieb – ein Ausbund an Treue. Manchmal allerdings hielt er sich zwei dieser Frauen gleichzeitig. Eines der entsprechenden Liebesnester, sagten Kollegen, sollte in der *rue Gay-Lussac* zu finden sein, nahe dem Luxembourg-Park. Ich streife alle Conciergen der Straße ab, vergebens. *»Picasso? Ein Italiener?« »Nein, ein Spanier. Ein spanischer Maler.« »Ah, das war dann bestimmt* *der Mann, der vergangenes Jahr unser Treppenhaus gestrichen hat.«* Natürlich probiere ich es auch mit seiner Atelierwohnung in der *rue des Grands-Augustins* (früher von Jean-Louis Barrault bewohnt). Wo ich durch die gewiefte Concierge mit einem einzigen rotzigen Satz abgefertigt werde: »*Der Meister ist verreist, Ihr Geschenk können Sie aber gleich dalassen.«* Anscheinend hatten sich in den kargen Nachkriegsjahren eine Menge Amerikaner bei Picasso Zutritt verschafft dank Mitbringseln von Zigarettenstangen und Schokolade.

Dann kam die Sache mit Stalin. Das »Väterchen der Völker« war gestorben, und die kommunistische Parteizeitung *Humanité* wünschte dringend ein Porträt des Hingeschiedenen. Verfertigt von Genosse Picasso, der sich – wenn auch erst gegen Kriegsende, als keine Gefahr mehr für ihn bestand – zur Partei bekannt hatte. Die Zeichnung erschien. Nur leider erwies sie sich als die hingekritzelte Skizze eines schnauzbärtigen Beatniks, anstatt des sorgenvollen Papas, »*dessen Licht im Kreml nie ausging*«. Darob riesiger Protest aus Moskau. In der folgenden Woche muß dann das Blatt Kreide fressen: »*Dieser Künstler ist anscheinend unfähig, ein einfaches Bildnis des Mannes zu verfertigen, den mehr Menschen lieben, als irgendjemanden sonst auf der Welt.«* Dazu der Meister wenig reumütig: »*Ich bin eben ein Clown, das ist mein Schicksal.«* Oder, laut sechster Lebensgefährtin Françoise Gilot: »*Ich bin nur ein öffentlicher Spaßmacher, dem es gelungen ist, die Dummheit, die Eitelkeit und die Habsucht seiner Zeitgenossen auszunützen.«*

In dieser Stimmung muß auch seine Farce entstanden sein: *Wie man Wünsche beim Schwanz packt.* Zuerst privat aufgeführt 1943, mit und vor seinen Künstlerfreunden Sartre, Camus, Eluard, Dora Maar, Simone de Beauvoir, Brassaï u. a. Und jetzt zum zweiten Mal gespielt für ausgesuchte

Sommergäste an der Riviera. Als Hauptdarstellerin die renommierte Stripperin Rita Renoir mit ihrem »apokalyptischen Busen«. Ein Skandalerfolg! (Später ins Deutsche übertragen von keinem Geringeren als Paul Celan.) Picasso verbrachte damals, wie ich, seinen Urlaub in dem noch wenig entdeckten Saint-Tropez. Natürlich weiß ich, daß er spontane Anmache haßt wie den Tod. Trotzdem lauere ich ihm auf, gebe mich, um Sympathie bemüht, als »*Künstler aus Österreich*« aus und überreiche ihm einen Blumenstrauß. Picasso boshaft lächelnd: »*Was soll ich mit den Blumen?*« »*Vielleicht daran riechen?*« stottere ich. »*Sind Sie verheiratet?*« »*Nein, ich bin mit meiner Freundin da.*« »*Also schicken Sie Ihre Freundin zu mir herüber, ich werde sie bumsen, und dann können Sie etwas riechen, das weitaus besser duftet, als jede Blume.*« (Leider wörtlich.)

Es gibt auch wortkarge Abfuhren, sogar stumme. Die stummste erhielt ich bestimmt von Marlon Brando. Damals zu Besuch in Paris bei seinem Freund Marquand, den ich vage kannte. Er führt mich und meinen Photographen hinauf zur Dachwohnung: »*Sie dürfen nur eine Minute bleiben, versprochen?*« Ich versprach alles, und habe mich auch daran gehalten. Ja, es dauerte nicht einmal eine Minute. Marlon, dieser Pressehasser, öffnete die Tür, sah mich und mein vorgestrecktes Mikrofon einen Augenblick an, rief entgeistert »*Hells bells!*« und schmetterte sie ins Schloß. Es reichte gerade für ein Foto.

Wir halten jetzt im aufbauwilligen Frankreich der fünfziger Jahre. Schon kann man sich auf der Straße als *Radio Allemande* deklarieren, ohne angepöbelt zu werden. Urlauber schwärmen vom Schwarzwald und einem gemütlichen

»Stüttgahr«. Mit dem Budapester Volksaufstand gegen das kommunistische Regime gibt es auch im Volk Zweifel an der »Heimat aller Werktätigen«. Vorbei die Zeit, wo jeder Pariser Künstler und Intellektuelle sich zum Kreml bekennen mußte, von Gide bis Sartre und zurück. Ja, und nun findet sogar, bisher undenkbar, eine große *demo* statt gegen das Hauptquartier der Partei am Rechten Ufer. Ich hatte da eine ungarische Studentin kennengelernt, warum nicht mit ihr vor Ort eine Reportage aufnehmen? Es war ein historischer Bau, der gepflasterte Innenhof durch schwere Bohlentüren verschlossen. Mit wilden Sprechchören, aber vergebens rannten die Demonstranten dagegen an. Einige hatten sich auf das Dach des Nebenhauses geschlichen und versuchten von dort, mit brennenden Holzscheiten und Pappkartons Feuer zu legen. Auch mich ergriff der Massenwahn (eine gute Lehre für später). Mir fiel auf, daß unten zwischen dem Tor und der durch Jahrhunderte ausgetretenen Schwelle ein handbreiter Spalt blieb. Wenn man da mit Schwung Benzin hindurchgoß, dann ein Streichholz ... Zehn Minuten später stand ich bei der nächsten Tankstelle, fabulierte etwas von meinem aus Treibstoffmangel steckengebliebenen Wagen, war schon unterwegs mit einem vollen Kanister, und lief direkt einem Polizisten in die Arme. »*Was wollen Sie mit dem Benzin?*« Ich erkläre ihm meine Notlage. Er grinst: »*Jetzt stellen Sie das Ding hier am Straßenrand ab und verschwinden Sie (›foutez le camp‹)!*« Belämmert schlich ich nach Hause. Am nächsten Tag las ich in der Zeitung, daß es einigen Demonstranten tatsächlich gelungen war, das Gebäude in Brand zu stecken, wenn auch nur kurzfristig. Sie wurden, Idealismus hin und her, zu fünf Jahren Knast verurteilt. Ich war noch einmal davongekommen. Als Held war ich eine Fehlbesetzung. Ich begriff, das Schicksal rief einen schon mal an, sich als Teufelskerl zu erweisen. Aber nachher stellt sich meist heraus, es war eine falsche Verbindung.

Inzwischen ging der Kalte Krieg weiter. In Paris fand ein *Kongreß für die Freiheit der Kultur* statt, mit allem, was im Antikommunismus Rang und Namen hatte. (Bezahlt von der CIA, wie man allerdings erst viel später erfuhr.) Es erschienen Koestler, Döblin, Steinbeck, Dos Passos und zahlreiche andere, die ich eifrig interviewte. Nur an den Leiter der Sache, Nabokov, war nicht heranzukommen. Nabokov, dieser russische Revolutions-Emigrant, zuerst nach Berlin, dann nach Paris, schließlich nach Amerika, und in allen drei Sprachen beheimatet. Virtuoser Stilist, Ironiker, auch Schmetterlingsjäger ... und seit neuestem Autor der verruchten *Lolita*. Diesem indizierten Pornoroman, der nur in der anrüchigen Pariser Olympia-Press erscheinen durfte und der bei uns, wie in Tausenden anderer hiesiger Wohnungen, auf dem Klosett aufgestellt war, zur Freude der Gäste.

Endlich stand ich in der Vorhalle des Theaters ihm gegenüber. Im Kopf meine erste anzügliche Frage, da man ja nie weiß, ob es noch zu einer zweiten kommt: »*Stimmt es, Meister Vladimir, daß Sie insgeheim in Neid versinken, weil Ihr Kind Lolita, dieses zwölfjährige Nymphchen, noch berühmter ist als Sie selber?*« Habe ich schon gesagt, daß ich mir nur schwer Gesichter merke, schon gar nicht solche auf Photos? Gepeinigt blickt der Angesprochene zum Himmel: »*Aber ich bin doch nicht Vladimir! Ich bin sein Cousin Dimitri!*« (Oder war das Nicolai?) Und ist schon im Hintergrund verschwunden. »*Tableau!*« sagt in solchen Situationen der Franzose, unübersetzbar.

Aber auch ich werde häufig verwechselt. Da gab es meinen Beinahe-Namensvetter Gordian Troeller vom *Stern* und vom Fernsehen. Zu dessen berühmter Sendefolge *Alle Kinder dieser Welt* ich bis heute regelmäßig beglückwünscht werde. Oder auch den großen Weltreisenden und langjährigen Pariser Korrespondenten Dr. Peter Scholl-Latour (Scholl … Troll …, Sie verstehen). Daß ich, zu meiner Überraschung, noch vor ihm zum allerersten Schub der Fernsehleute gehörte, denen die Goldene Kamera der *HörZu* verliehen wurde, war mein Stolz. Und zwar genau zehn Minuten lang. Bis ich zu Herrn Springer hinüberschritt, um mich für die Ehre zu bedanken. Und er mich großmütig wissen ließ: »*Das haben Sie aber auch verdient, Herr Doktor Scholl-Latour!*«

Und noch einen Verwandten habe ich, diesmal aus der hohen Politik. Da bin ich auf der Suche nach etwas Dauerhaftem in Köln beim WDR gelandet. Wie so oft beschleicht mich der Verdacht, daß alle Plätze, die für mich in Frage kämen, längst von »alten Hasen« besetzt sind, zumeist wohl Seilschaft aus großer Zeit. Etwas deprimiert wandere ich hinüber zur Hohe Straße, finde dort (das gab es schon wieder) einen hünenhaften Neonazi samt Kumpanen. »*Ich bin im Sturm die deutsche Eiche!*« verkündet er, zu anerkennendem Volksgemurmel. Ich: »*Sie sind nicht die deutsche Eiche, sondern der Dackel, der gegen sie pinkelt.*« Er, in drohendem Tonfall: »*Wie heißen Sie?*« Ich nenne meinen Namen. Er: »*Ach so, der Radikalinski aus der Münchener Räterepublik!*« Was sich nur auf den seligen Ernst Toller beziehen kann, den tragikomischen Helden dieser kurzfristigen Revolution. Und dann, mit einem fast genialen demagogischen Winkelzug: »*Haun Sie ab, Sie mit ihrer Gauleiterfresse!*« Und ich verziehe mich blamiert, zur allgemeinen Belustigung.

Es war um diese Zeit, daß jene unheimliche Springflut über die Nordsee losbrach, die halb Hamburg unter Wasser setzte. Auch ein Gutteil der Niederlande wurde überflutet.

Und wie in Hamburg Helmut Schmidt, so war es in Holland Königin Wilhelmina, die allenthalben auftauchte und Geschädigten Trost und Beistand versprach. Königinnen sind nicht leicht vors Mikrofon zu bekommen, also wurde ich losgeschickt als Spezialist. Leider war noch ein anderer vor mir dran, ein Amerikaner. Er sagte, sehr amerikanisch: »*Hi, your majesty, how's this queenie business coming along?*« (Also in etwa: »Hallo, Majestät, wie kommen Sie voran mit dieser Königinerei?«) Danach ward die Königin nicht mehr gesichtet, jedenfalls nicht von mir. Übrigens erreichte die Flut, über die Seine, auch Paris. Wo in der *rue Sainte-Geneviève* eine fünf Stockwerke tiefe Weinkellerei so stark unter Wasser stand, daß es die Etiketten von den Flaschen wusch. Danach mußte der Patron seine Weine pauschal zum Einheitspreis verkaufen, man wußte nie, ob man Château Mouton-Rothschild bekam oder sauren Essig. Ich, unnötig zu sagen, bekam den Essig.

Ein Lieblingsort für Pariser Journalisten sind die Treppen zur historischen *Académie Française*, wenn wieder einmal ein neuer Akademiker aus dem Taxi steigt und der Erfüllung seines Lebenstraums entgegenschreitet. Wobei er als erstes eine Laudatio auf seinen verstorbenen Vorgänger halten muß, auch wenn ihm dieser ein Greuel war oder gar Nazi-Kollaborateur. Was dann zu charmanten Komplimenten führen kann wie: »*Ein Großer ist von uns gegangen – für seine Freunde zu früh, für seinen Nachruhm zu spät!*« Nun zu Jean Cocteau, ewig schlanker, lächelnder Jüngling, im vorgeschriebenen schwarzen Habit mit grün bestickter Bordüre. An der linken Hüfte den Degen, dessen Griff man sich eigenhändig entwerfen darf. In diesem Fall das von ihm lebenslang nachgezeichnete Profil seiner allerersten Knabenliebe. Der sämtliche folgenden Lieben zu gleichen pflegten, bis hin zu seinem Lieblingsdarsteller Jean Marais. Nun steht er vor uns, dieser proteische Alleskönner, Poet, Romanautor, Theaterdichter, Ballettmeister, Freskenmaler, Filmemacher ... dieser Schausteller, Seiltänzer, Spiegelfechter und Verzauberer, wie sie nur Paris hervorbringt. »*Meister, bitte einen Satz für die Presse!*« Er überlegt keinen Augenblick, denn diesem Tausendsassa fallen die Paradoxien vom Himmel: »*Das, was man an dir mißbilligt, das pflege: es ist dein eigentliches Selbst.*« Nicht schlecht.

Kurz darauf bin ich mit dem neugebackenen Akademiker verabredet bei einer Retrospektive seiner Grafiken. Ich habe mein 25 Kilo schweres Tonbandgerät Arriphon angeschleppt, eine deutsche Erfindung. Und Grund zum Neid aller Funkkollegen, die ihre Gäste nach wie vor ins Studio bugsieren müssen. Der Kofferapparat enthält eine Feuchtbatterie, der man regelmäßig mit Säuretropfen nachhelfen muß. Sowie eine gigantische Feder, die alle fünf Minuten aufzuziehen ist. Ich stelle meine erste Frage – natürlich nicht nach der sexuellen Komponente seiner Dichtung, das kommt später. Da, ein Knall! Die Feder ist gesprungen und entrollt sich mit dem Toben eines Wahnsinnigen, der auf seine Zellenwand trommelt! Oder auf mich, den ewigen Versager. So fühlte es sich jedenfalls an.

Es dauerte Jahre, bis ich wieder an Cocteau herankam. Diesmal fürs Fernsehen, und in seiner edlen, aber »koketten« Bleibe im Palais Royal. (»Kokett« bedeutet so viel wie minimal.) Leider besteht er darauf, deutsch zu antworten. Mir nicht ganz genehm, einerseits weil das in Verbindung steht zu seiner zweifelhaften Rolle während der Besatzung. Wo er im Hotel Majestic ein gern gesehener Gast war, Hauptquartier der deutschen »Propagandastaffel«. Aber auch, weil der Meister einiges von seinem Deutsch inzwischen verlernt hat. Also sehen wir uns gezwungen, allerhand Spickzettel (*nègres*) hinter seine Möbelstücke zu heften, die er im Auf- und Abgehen konsultiert. Ganz wie einst bei der UFA der große Hans Albers, aber das war eine andere Geschichte. Unsere endet leider damit, daß dieses allzu gestelzt wirkende Gespräch nie gesendet wurde. Kurz darauf ist Cocteau verstorben, hoffentlich mit seinem ewigen kulanten Lächeln. Das aber auch posthum der Protokollchefin der deutschen Bundesregierung hätte gelten können, Frau von Pappritz. Welche am folgenden Tag ein Beileidstelegramm nach Paris losschickte, adressiert an »Madame Cocteau«. Ich nehme an, es endete bei dem sympathischen Jean Marais.

Inzwischen haben die sechziger Jahre begonnen. In Frankreich Höhepunkt jener »trente glorieuses«, den drei Jahrzehnten friedlichen Aufstiegs, wenigstens wirtschaftlich. Ansonsten steckt man tief in diesem endlosen Algerienkrieg, den man nicht so nennen darf (er ist eine »Befriedungsaktion«). Schon stehen Flakgeschütze auf dem Dach des Marineministeriums am Concorde-Platz, zur Abwehr der gefürchteten Fallschirmspringer (*paras*) aus Algerien. Sowie deren Generälen, denen man einen Militärputsch zutraut. Nur *ein* Retter in Sicht aus diesem Schlamassel: Staatsoberhaupt de Gaulle. Und dieser schafft tatsächlich die Entkolonisierung Algeriens. Mit Hilfe einer jener leeren Worthülsen, mit denen Politiker operieren: »Unabhängigkeit im Rahmen gegenseitiger Abhängigkeit«. (Erinnert an Nazischmähs wie Schutzhaft, Protektorat oder Frontverkürzung.)

Kurz danach steige ich ins Fernsehen ein. Bin nicht mehr der verzweifelte Einzelgänger, der sich mühevoll an Personen und Ereignisse heranpirschen muß. Jetzt habe ich mein

Team, meinen Kontaktmann, meine Handkasse – kurz ein Auftreten! Schon einer der ersten unserer Beiträge betrifft de Gaulle. Nicht etwa ein persönliches Interview – so etwas kannte er nicht – aber immerhin eine Pressekonferenz mit eigener Frage, natürlich nach dem deutsch-französischen Verhältnis. Die Antwort, aphoristisch zugespitzt wie stets: »*Die Franzosen liebt man mehr als man sie achtet. Bei den Deutschen verhält es sich umgekehrt. Hier liegt die ganze Schwierigkeit.*« Eine Stunde später habe ich die Kernsätze zusammengeschnitten, die Übersetzungen vorbereitet. Das Stück soll am gleichen Abend ausgestrahlt werden, also fliege ich samt dem Material zum Sender. Die Zeit wird knapp. Noch habe ich mit der Technik nicht die Mischung besprochen, da werde ich in die Maske gedrängt. Es ist mein erster Auftritt *live*, allzu früh leuchtet das rote Lämpchen. Fast unvermeidlich kommt beim Abspielen die Reihenfolge der Auszüge durcheinander. Ich spreche Übersetzungen zu Passagen, die etwas ganz anderes beinhalten. Eine Riesenblamage! Nachher laufe ich grußlos in die Nacht hinaus. Ich weiß nicht, wie lange ich auf diesem Eisenbahnviadukt stand, ein unfähiger Versager. Plötzlich kommt ein Mann auf mich zu: »*Aber Sie sind doch der ...wir haben Sie eben am Fernseher ... nein, so ein Zufall, so ein Glück!*« Er konnte es nicht fassen. Daß uns alles durcheinander geraten war, hatte er kaum mitgekriegt. Nicht die Inhalte zählten also am Schirm so sehr, sondern ein Gesamteffekt, der das Vorgebrachte zu einer Art dramatischer Repräsentation umgestaltete und damit entwirklichte. Wir waren in einem Schaumedium. Ich hatte mich mit Literatur, mit Photographie, mit Theaterwissenschaft befaßt, also lag mir das. Ich war im Geschäft.

Zum Geschäft gehörten auch die Reinfaller, nur brauchte man sich jetzt nicht mehr als einziger verantwortlich zu fühlen: Da war der Sender, das Team, die Technik. Geteilte Schuld ist halbe Schuld. Als Beispiel die von mir so verehrte Chansonsängerin Juliette Gréco. Nicht nur ihre Schwester, sondern auch ihre Mutter waren einst im Krieg als Widerständler deportiert (sie hatte sie glücklicherweise nach Kriegsende im Auffanglager des Hotel Lutetia wiedergefunden). Juliette galt – wie auch Simone Signoret – als »anti-boche«. Nur mit Mühe hatten wir sie vor die Kamera bekommen. Welche nun, wie stets im falschen Moment, versagt. Nichts regte sich da, nichts drehte sich. Worauf Juliette laut und triumphierend: »*Also auch die Deutschen!*« Zu weiteren Annäherungen ist es dann nicht gekommen.

Fast noch betrüblicher unser Zusammentreffen mit der notorischen Madame Cléo de Mérode. Wie, Sie kennen den Namen nicht? Cléo war ja im edlen Wettbewerb mit Sarah Bernhardt, Liane de Pougy, der »belle Otéro« und einer bezaubernden Jüdin namens Jeanne Bloch, die glänzendste Kurtisane der vergangenen Jahrhundertwende. Abkonterfeit von Degas, Forain und anderen. Einschließlich ihrer brünetten gescheitelten Renaissancefrisur mit Stirnband, die eine Mode kreierte. Sogar dem deutschen Kaiser Wilhelm II. soll die frivole Aristokratin den Kopf verdreht haben. Und der schurkische vollbärtige König Leopold II. von Belgien, der sich mithilfe von Afrikaforscher Stanley sowie Reichskanzler Bismarck den Kongo als Privateigentum unter den Nagel gerissen hatte und bis aufs Blut aussaugte ... auch er verfiel ihrem Bann. Und habe ihr, so erzählt sie uns, seinen »Freistaat« als Hochzeitsgeschenk angeboten, falls sie ihn heiraten wolle. Sie wollte nicht. Er starb schließlich im Bordell. Sie aber überlebte. Und bewohnte jetzt nach wie vor ihr luxuriöses Pariser Appartement – wenn auch nur mehr zwei Zimmer davon – in der feinen *rue de Téhéran* (heute abgerissen). Neunzigjährig, springlebendig, mit fuchsrotem Kräuselhaar und dito geschminkten Bäckchen, nur leider: »*Sie dürfen hier alles abfilmen, außer mich selbst. Weil ich nämlich immer noch sehr kokett bin.*« Bald aber haben wir begriffen, daß Cléo viel zu schwerhörig geworden ist, um das Wildbachrauschen unserer »ungeblimpten« Arri mitzukriegen. Also nichts wie drauf, wie in der Branche üblich. Immerhin hatte ja unser Kameramann nicht umsonst im Krieg einer deutschen Propagandakompanie angehört.

Von König Leopold berichtet sie, ihr stadtbekanntes Verhältnis hätte ihm nur als Paravent gedient, um seine unzähligen sonstigen Affären zu verschleiern. Von Eduard VII., britischer König: Er sei zuletzt so unförmig dick gewesen, daß seine Eroberungen sich auf eine Art zweistöckigen Gynäkologenstuhl platzieren mußten, den er auf Staatsbesuchen immer bei sich führte. Nachdem Cléo erfährt, daß ich aus Österreich stamme, erkundigt sie sich angelegentlich nach solch feudalen Fürstenhäusern wie den Schwarzenberg, Starhemberg, Fürstenberg, Hohenberg, Auersperg usw. (Dabei kannte ich höchstens Goldenberg, die koschere Deli!) Wunderschöner Dreh. Am Abend leider ein verzweifelter Anruf des Kameramanns vom Hotel aus: Die Flügelblende der Arri sei beschädigt, eine Sache, die ihm nie zuvor passiert wäre, nicht einmal vor Stalingrad! Von den Aufnahmen kein einziger Meter zu verwerten.

Und bei Cléo komme ich wie von selbst auf ihren Zeitgenossen Maurice Utrillo, den Maler des Montmartre. Er hatte spät im Leben, reichlich alkoholisiert, Madame Lucie Valore geheiratet, eine Malerin von Blumenstilleben. Welche ihm dann mit der Trunksucht und dem desolaten Bohème-Dasein zwar den letzten Funken Genie austrieb, ihn aber tüchtig vermarktete: Zum Beispiel mittels zweier seiner späten Gemälde, die sie dem Pariser Rathaus andrehte. Dazu feierliche Übergabe, Utrillo selbst ist anwesend. Tief zerfurchtes Gesicht, im Rollstuhl sitzend, den Madame hin und her dirigiert, um ihn ins rechte Kameralicht zu rücken. Dazu klingende offizielle Reden, während er verlegen an seiner altbackenen Künstlerschleife zupft, schon fast hinüber. Ich halte ihm mein Mikrofon vor, das er stumm verstört von sich stößt. Darauf die publicitygeile Lucie: »*So sprich doch, Maurice, so antworte doch dem netten Herrn.*« Und ich versinke fast vor Scham, während Utrillo weisungsgemäß und zittrig etwas vom »*alten Montmartre*« stammelt, unverwendbar. Dann verdrücke ich mich so diskret wie möglich. Kann aber bald darauf seine Grabstätte besuchen gehen, auf dem stimmungsvollen kleinen Saint-Vincent-Friedhof, zu Füßen der *Butte Montmartre.* Lucie hat ihm einen tranigen Engel aus Stein hingebaut, dazu die Inschrift: »*Sein Schutzengel setzte ihm dieses Grab.*«

Paris, in den sechziger Jahren. Es ist meine große Zeit beim deutsche Publikum, mit einem halben Hundert Folgen der Fernsehsendung *Pariser Journal* für den Westdeutschen Rundfunk. Noch Jahrzehnte später werden mich feine alte Damen schwärmerisch auf dieses ihr Jugenderlebnis ansprechen, während ich mir insgeheim denke: »*Wo warst du, als ich dich gebraucht habe?*« Vergessen und in Archiven entschlummert die hundert weit besseren Dokumentarfilme, die ich seitdem drehte. Nicht anders als meine Schoßkinder, die filmischen Biografien über die abenteuerlichen Heroen meiner Kindheit, wie Jack London, Paul Gauguin, Arthur Rimbaud. Meine Hauptdarsteller aus dem Totenreich.

Aber zuerst zu Henri Nannen, Chefredakteur des *Stern*. Ich galt ja damals als »Prominentenjäger«, obwohl ich mich ebenso gern mit Unbekannten befaßte, solange sie ein Stück echtes Leben hergaben. Dann habe ich überraschend Nannen am Telefon, mit flötender Stimme, die dieser Wutbürger nicht immer aufbrachte: »*Hat Ihnen nicht schon ein Vögelchen gesungen, daß wir gern regelmäßig Interviews von Ihnen ins Blatt bringen würden?*« Ich frage nach seinen Honoraren. »*Dreieinhalbtausend DM pro Stück.*« Was damals allerhand Kohle bedeutete, und wohl auch heute. »*Unter vier nichts zu machen*«, entgegne ich frech wie Rotz, ich weiß nicht mehr von welchem Teufel geritten. »*Dann können Sie mich mal!*« Und er hängt auf. Ende der Fahnenstange, und einer der peinlichsten Flops meines Lebens. Aber hätte ich mich auch wohlgefühlt als Leibeigener dieses absolutistischen Barockfürsten?

Es kam das Farbfernsehen, und damit eine hausinterne Diskussion, ob wir uns beim Filmen eher für das sanftere Agfa- oder das schrillere Kodak-Material entscheiden sollten (ich stimmte für Kodak). Hierauf die Grundsatzfrage: Was wird weiter im billigeren Schwarzweiß gedreht, was auf teurem Farbfilm? Ich ereifere mich geräuschvoll für die These, daß alles Unterhaltende und Fiktionale in Farbe zu filmen sei. Alles Dokumentarische hingegen wie gehabt in Schwarzweiß, da die Buntheit nur vom Ernst des Lebens ablenke. Unnötig zu erwähnen, daß ich danach nie mehr eine einzige Film- oder Videominute in Schwarzweiß gedreht habe. So viel zu künstlerischen Proklamationen.

Unser letzter Film in Schwarzweiß war die erwähnte Spieldokumentation über Jack London. Gleichzeitig sollte ein weiterer Film über Gauguin entstehen, schon in Farbe. Da stoße ich in einer Kölner Szenekneipe auf den Reportage-Photographen Robert Lebeck. Ein jugendfrischer Abenteurertyp, der für den *Stern* schon die halbe Welt durchpflügt hat. Blitzartiger Einfall: Lebeck mitnehmen als Photograph, und gleichzeitig als Jack London verkleidet, eine symbolische Figur in meinem Film. Bei späteren Produktionen habe ich übrigens diese Kunstfiguren auch sprechen lassen bzw. interviewt. Ganz als wären sie die lebenden Personen unserer dokumentarischen Porträts. Und natürlich hatten sie in waschechten Zitaten zu antworten – nicht anders als Jahrzehnte später bei Woody Allen in seinem *Midnight in Paris*. Am Ende habe ich einmal sogar mich selber interviewt, d. h. mein jugendliches Double. In einem autobiographischen Film, mit dem ich mich von unserem Metier verabschiedete.

Zurück zu Robert Lebeck, der meinem Plan begeistert zustimmt. Falls, ja falls er nur Nannen überreden kann, ihm eine Fotostrecke in Farbe, sagen wir zehn komplette Seiten, zu garantieren. »Sir Henry«, der unseren kleinen Streit ad acta gelegt haben muß, ist einverstanden. Dann also los. Jack London, dieser ruhelose Vagant, als Eisenbahntramp – als Vollmatrose auf einem Segler – zu Pferd als Goldsucher in Alaska – als Forscher in der Südsee – als erfolgreichster Schriftsteller seiner Zeit. Und mit gerade vierzig an Trunksucht und wohl durch eigene Hand gestorben. Ein klassischer Fall von amerikanischer Selbstzerstörung, Weiteres siehe unter Hemingway oder dem Großen Gatsby ... Für Robert Lebeck mit seiner stacheligen Meckifrisur haben wir eine langhaarige Perücke mitgebracht, im Gegenlicht wirkt er damit fast wie Jack London persönlich. Wir lassen den Einsatzfreudigen fahrende Güterzüge entern – auf Hundeschlitten über vereiste alaskische Seen sausen – schicken ihn schließlich auf dem angemieteten kanadischen Zweimaster »Blue Nose« im romantischen Abendlicht hinaus zum Bugspriet. Und dann passiert's! Daß ihm nämlich der Fahrtwind die schlecht angepaßte Perücke vom Kopf reißt. Weg ist sie. Und schon im Meer versunken, und damit unsere halbe Filmidee. Sind das die üblichen Pannen jedes Projekts? Oder haben wir nicht doch, wie ich insgeheim vermute, die Bosheit des Schicksals am Hals? Das mir nicht verzeiht, einst den Schlingen und Fallen der Emigration entkommen zu sein, und seine kleinen Racheakte durchzieht?

Warum sonst haben wir danach auch die »Diamond tooth Gertie« nicht bekommen? In der Goldgräbermetropole Dawson (seinerzeit, im Goldrausch von 1897, eine Stadt von 30.000 Einwohnern, heute 400) gab es eine verrufene Gasse von Tanzlokalen und Bordellen, genannt *Paradise Alley*. Die robusten Damen, die es bis hierher in den Klondike geschafft hatten, führten ruppige Beinamen wie *Grizzly Bear, Overflowing Flora, Muckluck Maud, Nellie the Pig* usw. Und scheffelten mehr Gold als die meisten »Sauerteige« aus ihren *claims*. Die genannte Gertie hatte es sich als Spielhöllenbesitzerin sogar leisten können, ihre Zahnlücke mit einem echten Diamanten zu füllen. Und jetzt, siebzig Jahre später, war sie so ungefähr die letzte Überlebende dieser gesetzlosen Epoche. Leider ist die Gute gerade gestern aus ihrem Altersheim in ein Armenspital überführt worden, wo es keine Interviews gibt. Von ihrem Bett aus lächelt sie uns nur noch matt zu. Ein Diamant ist nirgendwo zu erblicken. Immerhin zeigt mir die Oberschwester Gerties Personalakte. Ihr richtiger Name lautet Honora Ornstein, gebürtig aus Brünn in Mähren, Staatsangehörigkeit »Austria-Hungary«. Brünn, die Geburtsstadt meines Vaters und des männlichen Zweigs unserer Familie. Wie viele Ornsteins muß ich da gekannt haben, es war ja ein typisch jüdischer Name? Auch die Wiener Buchhandlung hieß so, wo ich als Junge meine ersten Jack-London-Bände antiquarisch erstand.

Auf Alaska folgt die Südsee. Wir steuern Tahiti an, Bora Bora, Fidschi, Neuguinea und andere Traumorte, wo Jack als unersättlicher Abenteurer herumgeschippert war. Und wo auch der Maler Paul Gauguin seine letzten Lebensjahre verbrachte. Ehemaliger Börsenmakler, verspäteter Künstler auf immer verzweifelterer Suche nach Ursprung, nach Urtümlichem. Das er zuerst in der Bretagne zu finden glaubte, dann mit Van Gogh im französischen Midi, schließlich auf Tahiti und zuletzt auf den weltfernen Marquesas-Inseln. Wir entdecken mit Mühe Gauguins zeitlose Motive, doch auch er hatte ja schon Mühe sie zu finden. Treffen auch seinen einheimischen Sohn, einen dicken Insulaner, der aber den Vater kaum kannte. Und enden schließlich per angemietetem Kopra-Dampfer auf einem der letzten »wilden« Eilande des Pazifik, Malekula. Zugehörig der Inselgruppe der Neuen Hebriden, damals unter französisch-britischem »co-dominion«. Ein steiler Tagesmarsch mit Trägern durch den Dschungel bringt uns ins Hochland zu dem Stamm der »Big Nambas«. Nambas heißen sie nach ihrem großen Penisfutteral aus Kokosschalen, an einen breiten Gürtel angehängt, ihr einziges Kleidungsstück. Unvermeidlich gibt es auch einen rivalisierenden Stamm der »Little Nambas«, mit dem man sich von jeher im Kriegszustand befindet. Mächtige Trommelschläge auf ausgehöhlte Baumstämme kündigen schon von weitem unser Kommen an. Der Häuptling (*le chef*) empfängt uns freundlichst, macht aber alsbald an den Fingern der Hand – weiter kann er nicht zählen – seine Rechnung auf: Einen

Pazifik-Dollar pro Einstellung. Für Frauen (sie sind nackt bis auf lange, violett gefärbte Strohperücken) dementsprechend extra. Auch einen Kriegstanz gibt es, mit vorsintflutlichen Gewehren ohne Munition. Wir zahlen für den Kriegstanz, wir zahlen für die Frauen. Zuletzt hat der »Chef«, der nicht bis fünf zählen kann, etwa hundert Mal so viel im Gürtel stecken. Man geniert sich, aber man zahlt. Und hat nicht vielleicht auch – furchtbar es zu denken – Paul Gauguin am Ende für seine Motive gezahlt? Und jedenfalls seine tahitianischen »vahines« in kurze eingeborene Fähnchen gesteckt, die ihnen die Missionare längst verboten?

Aber das dickste Ende kam noch, das Urfiasko. Denn beim *Stern* konnten Chefredakteur Nannen und sein Verleger Bucerius sich partout nicht einigen, wie viele Seiten sie Lebecks Fotos spendieren sollten (damals war Farbdruck eine kostspielige Angelegenheit). Nannen bestand auf den ausgemachten zehn Seiten, der sparsame Bucerius wollte höchstens acht. Als Kompromiß einigt man sich zuletzt auf null Seiten! Auch meine vorgesehenen vier – hochdotierten – Artikel sind nie erschienen.

Und jetzt war also Arthur Rimbaud an der Reihe. Dieser geniale Oberschüler, mit dem sich so gut wie jeder Halbwüchsige identifizieren wird, der auch nur einen Funken Poesie im Leib hat. Schrieb schon mit achtzehn sein *Trunkenes Schiff* (siehe dazu Nachahmer Bertolt Brecht), mit neunzehn seine *Illuminationen* (siehe die späteren Surrealisten). Wirft danach die Dichtkunst über den Haufen (»*ich kümmere mich nicht mehr um diese Dinge*«), um in Ostafrika ein ziemlich erfolgloser Handelsmann zu werden. Notfalls auch Waffenimporteur, der seine Kamelkarawanen, beladen mit ausgedienten französischen Flinten, von der Küste ins ewig unruhige Kernland von Äthiopien hinaufdirigierte. Solch eine Karawane mußten wir unbedingt haben. Und stießen auch auf eine, die gerade in Rimbauds geliebter Bergstadt Harrar zusammengestellt wurde. Nur daß ausgerechnet in dieser Woche irgendeine Nationalfeier fällig war, die zwar das Arbeiten verbot, den Alkohol jedoch erlaubte. Es war wieder einmal die Tücke des Geschicks. Wie unter diesen Umständen eine Karawane auf die Beine stellen? Darf man es laut sagen – die entsprechenden Aufnahmen fanden zuletzt in Paris statt! Besser gesagt, auf einer Sanddüne in der Nähe, die ein einfallsreicher Unternehmer zu einem beliebten Kinderspielplatz ausgebaut hatte, darauf ein einsames Reitkamel. Dieses beluden wir mit einer orientalischen Decke aus unserem Wohnzimmer, sowie alten Gewehren, die ich am Flohmarkt angemietet hatte, und los ging's. Das schöne Filmstück habe ich später noch öfter wiedergesehen, zumeist eingeschnitten in historische Dokumentationen über die Heldentaten des Obersten Lawrence von Arabien. Aber was soll's? Auch die immer wieder auftauchende zeitgeschichtliche Aufnahme der Erstürmung des Winterpalais von Sankt Petersburg im Jahr 1905 stammt ja aus einem Spielfilm von Eisenstein oder Pudowkin.

Von jeher hat mich gerade das Zweideutige dieser Filmerei fasziniert, auch im Dokumentarischen, und besonders beim menschlichen Porträt. Fingen wir tatsächlich Realität ein, wie unser Anspruch lautete? Oder verwandelten wir nicht in gleichen Moment jedes Ereignis in ein Kunstprodukt, jeden Menschen in einen Darsteller seiner selbst? Bis zuletzt eine neue Wirklichkeit entstand, um die vorhandene zu ersetzen? Jedenfalls habe ich immer gern Photographen oder Filmemacher gefilmt. Und am liebsten bei Kinoaufnahmen mitgefilmt, das Künstliche noch einmal verkünstelnd. Manchmal klappte es, manchmal nicht. Truffaut bei *Jules et Jim* ließ es gerne geschehen, Godard (bei *Alphaville*) weniger, Preminger überhaupt nicht.

Ich erinnere mich nicht mehr, wer der Regisseur des französischen Schinkens *Der Schatz der Josepha* war, mit dem die unbezähmbare Anna Magnani ihre Laufbahn beschloß. Fuhr jedenfalls mit meinem Team zum Drehort hinaus, in Begleitung meiner kleinen Schäferhündin Hexe, die auch mal an die Natur wollte. Zehn Minuten für meine Sendefolge *Pariser Journal*, die damals gerade auslief, das sollte die Sache doch hergeben. Darin die unvermeidliche Frage an die große Tragödin, ob der Bruch mit ihrem Entdecker und Lebensgefährten Roberto Rossellini (er war gerade zu Ingrid Bergman übergewechselt) auch bedeute, daß sie nie mehr mit ihm filmen wolle? Ich hatte mein Tierchen natürlich an einen Baum gebunden, damit es nicht in das Filmset hineinlief, einen abgehalfterten Bauernhof. Jetzt erscheint die alternde Magnani, läßt sich nach einem *take* ächzend und krächzend in einen Klappstuhl fallen, während man ihr die hochhackigen Pumps gegen Filzlatschen vertauscht. Plötzlich ein gewaltiger Ruck: Sie hat Hexe jammern hören. Springt wutentbrannt hoch, stürzt auf meinen Liebling zu. Und dann, in dem gleichen gellenden Ton, mit dem sie in *Rom, offene Stadt* hinter den Feldgendarmen herläuft, die ihren Liebsten abtransportieren: »*Wer ist der Esel, der das verbrochen hat?*« Ich melde mich, ... und das anschließende Interview war auch danach.

Später habe ich den restlichen Rossellini-Clan vor die Kamera bekommen, will mich aber hier auf den Stammvater selbst beschränken. Auch er nun auf absteigendem Ast (oder war es die gesamte italienische Filmindustrie?), drehte er in der tunesischen Oase Kairouan das Leben des Erlösers laut *Neuem Testament*. Er, der bekennende Atheist! Und dazu noch mutmaßlich vom sparsamen Vatikan finanziert, demnach mit lauter blutigen, aber billigen Laien. Die Stimmung am Set war dementsprechend. An den »Maestro« kamen wir gar nicht erst heran, weggescheucht von der mißgestimmten Signora Produzentin (und jetzt Freundin). Während wir desperat am Rande der Aktion dahinvegetieren, kommt überraschend eine Abordnung auf uns zugeschritten, angeführt von einer unerwartet zuckersüßen Signora. Es ergibt sich, daß der Darsteller des »Oberpharisäers«, ein römischer Student, einfach ausgebüchst ist, wahrscheinlich wegen der geringfügigen Gage. Ob ich, mit meinem südländischen Typ, vielleicht bereit wäre ...? Ich wende ein, daß ich kaum ein Wort italienisch radebreche, aber das quittiert man nur mit Achselzucken: Ohnehin würden sämtliche italienischen Filme in Cinecittà nachsynchronisiert. Ich solle bloß, mit welchen Worten auch immer aber gestenreich, die Jünger zusammenstauchen, weil sie am heiligen Schabbes auf dem Kornfeld Ähren lasen, anstatt zu beten. Monate später in Paris, habe ich mir dann das Opus *Der Messias* zu Gemüte geführt, natürlich in Originalfassung. Da stand ich in meinem Rabbinerkostüm und räsonierte etwas von »*sabbato santo*« oder so ähnlich. Während ich in Wirklichkeit mindestens »*you goddamn sons of bitches*« gefaucht haben muß. Das Interview mit dem Maestro – er sprach über die Gabe, oder den Fluch, sich immer wieder neu zu verlieben – habe ich zwar dann bekommen. Aber unverwindbar der Schock, daß ich, der einst bei einer Schulaufführung fast den Mephisto gekriegt hätte, zum talentlosesten Schauspieler der Schöpfung herabgesunken war.

Inzwischen war ich jetzt zum anderen Kanal übergewechselt, dem Zweiten. Meine neue Sendung hieß *Personenbeschreibung*, eine Porträtfolge. Angeheuert hatte mich der Programmdirektor, während der Chefredakteur davon anscheinend weniger erbaut war. Um unsere Differenzen auszubügeln, lädt er mich zum Mittagessen in seinen Bonner Bungalow. Ich reserviere meinen Flieger. Es folgt der übliche Lotsenstreik am Flughafen Orly. Alles stürzt zum *Gare du Nord* und auf die wenigen eingeplanten Züge. Die nächsten sechs Stunden sitze ich im überfüllten Gang des Wagens auf meinem Koffer. Endlich Köln, es gelingt mir einen Sitzplatz zu ergattern, da wird bereits Bonn angesagt. Ich fasse nach meinem Koffer, aber schon ist mir jemand zuvorgekommen: »*Sie erlauben? Sie sind doch der bekannte – wie war gleich Ihr Name?*« Vergeblich kramt er nach Papier und Stift, da hält mir seine Nachbarin ihren Fahrschein entgegen: »*Bitte um persönliche Widmung, ich heiße* – «. Danach ein junges Mädchen mit Stammbuch. Ich kritzle, lächle verbindlich, strebe verzweifelt dem Ausgang zu – umsonst: die Wagentür ist eingeschnappt. Zum verabredeten Mittagsmahl bin ich dann mit Stunden Verspätung aufgekreuzt.

Aber das war noch nicht das Ende. Wohlgesinnte Kollegen bestehen darauf, mich mit dem Hierarchen endgültig auszusöhnen. Demnach bestellt seine Redaktion Plätze in einem Mainzer Restaurant. Ich habe um ein ruhiges Lokal gebeten, da ich vom Krieg her an einem Hörschaden leide, und bei Lärm nichts verstehe. Es war auch ein stilles Lokal, nur daß an diesem Tag eine Hochzeitsgesellschaft angesagt war. Da hilft nur eines: den Gesprächspartner zu einem ausgiebigen Monolog zu veranlassen, sagen wir über seine Kriegs- und Berufserlebnisse. Ich nicke eifrig, ohne viel zu kapieren. Streue nur von Zeit zu Zeit ein bekräftigendes

»*genau*« oder »*was Sie sagen*« oder »*ganz richtig*« in die Erzählung. Da auf einmal ein empörtes Knurren: »*Richtig? Sie halten das für richtig?*« Bestürzt versuche ich mich herauszuwinden: »*Nun ja ... halt so ... wie man's nimmt ...*« Es half alles nichts, der Bruch war nicht mehr zu kitten. Bis heute weiß ich nicht, worum es damals ging. Ich hatte vielleicht irgendeine der gängigen Ideologien angefochten. Oder auch für infallibel erklärt, was weiß ich. Ohnehin bin ich nicht so für die lupenreinen Gewißheiten. Sondern halte es eher mit dem skeptischen Philosophen Lichtenberg: »*Es kommt nicht so sehr darauf an, was einer glaubt, als was er mit diesem Glauben anfängt.*« Daran haben wir uns auch in unseren Porträtdarstellungen stets gehalten.

Vielleicht war mir gerade deshalb Woody Allen so sympathisch. Ein Typ, der scheinbar keinerlei Überzeugungen mitbringt, außer vielleicht der, daß alles was besteht, auch wert sei, daß es zugrunde geht. Nein, Woody war ebenfalls, und auf Anhieb, davon überzeugt, daß ich in etwa der letzte Typ sei, von dem er abgefilmt werden wollte. Oder auch nur bewundert. Zum ersten Mal war ich ihm im Beverly Hills Hotel, Hollywood, begegnet, als noch einem reichlich unbesungenen Jungfilmer und morosen Jüngling. Zur Einführung habe ich mir am Vortag seine Komödie *Alles was Sie schon immer über Sex wissen wollten* zu Gemüte geführt. Im Saal zwei Dutzend gelangweilte Zuschauer, die offenbar einen Porno erwartet haben. Ich berichte ihm darüber. »*So viele Leute*«, staunt er. Blickt dabei unwirsch von seiner Schreibmaschine hoch, wo er wahrscheinlich gerade einen neuen Gag in Arbeit hat, und nun ist der Gag weg. Vielleicht etwas so Brillantes wie: »*Jeder Witz ist ein Grabspruch über ein Gefühl*« (gestohlen von Nietzsche). Verbissenes Gesicht. Ich frage ihn provokant, ob er seelisch durchhänge oder dies sein normaler Gefühlshaushalt? »*Glauben Sie, es ist ein Vergnügen, lustig zu sein?*« Daraufhin verdrücke ich mich, zutiefst davon überzeugt, daß von diesem deprimierten Loser in drei Jahren kein Mensch mehr reden wird.

Drei Jahrzehnte später im Hotel Carlyle, Madison Avenue, New York. Woody mit kleiner Band spielt vor hingerissenem Publikum, aber nicht durchwegs euphonisch, seine Jazzklarinette. Die Scheinwerfer des Raums sind so eingerichtet, daß jeder Musiker sein Licht bekommt außer Woody selbst, der mit vorgeknicktem Kopf im Dunkeln west. Schamlos klettere ich auf einen Stuhl und kippe den Bühnenscheinwerfer voll auf ihn. Danach ein durchdringender Basiliskenblick, der für unseren Dreh nichts Gutes verheißt. Dabei hatten wir mit Firma Loeb & Loeb am Santa Monica Boulevard einen schriftlichen Vertrag abgeschlossen in vierfacher Ausfertigung: eine Stunde Klarinette, eine Stunde Schneideraum mit seinem neuen Film, eine Stunde Interview. Knapp genug. Außerdem ist unser Film vor Sendung dieser Firma einzureichen zwecks allfälliger Zensur ... Am nächsten Morgen Dreh mit Woody im Schneideraum. Wo er seinen neuen Film bearbeitet, der uns nur als »Frühlingsprojekt« angesagt wird. Den Schneidetisch hat er so teuflisch in eine Ecke manövriert, daß wir von Woody gerade die Glatze zu sehen bekommen. Eine Viertelstunde vergeht mit nichts, bis sich der Künstler überraschend nach einem Papier herumdreht. Endlich Aktion! Wild gestikuliere ich zum Kameramann hin, remple dabei in der Aufregung an eine von unseren Lampen, die krachend umfällt und verlischt. Darob das erste und einzige Mal ein Freudestrahl in Woodys Angesicht. Tücke des Objekts, darauf versteht er sich (nicht anders als ich). Allerdings scheint ihn wenig so sehr zu verstören, als mit irgendjemand anderem (ich spreche nicht von Frauen) etwas gemeinsam zu haben.

Das ausgemachte Interview widerstrebt ihm womöglich noch mehr als alles Bisherige. Meine Fragen prallen wirkungslos ab. Ob sie nun jüdischen Humor betreffen (»*Beim Humor sind wir alle Juden.*«), Geschlechtsverkehr (»*nur ein schwacher Ersatz für Onanie*« – stammt eigentlich von Karl Kraus), oder seine Karriere (»*Ich habe noch nie einen Film gemacht, ohne nachher den Drang zu verspüren, ihn zurückzukaufen und zu zerschleißen.*«). Das soll witzig sein? Ich spüre, wie nicht nur Ungeduld in mir hochsteigt, sondern Impertinenz: »*Woody, manche Ihrer Filme machen ja allein in Paris mehr Kasse als in ganz Amerika. Hier scheint man Sie gerade ein bißchen an der West- und Ostküste zu kennen, dazwischen aber bares Niemandsland.*« Darauf er: »*Was wollen Sie, vielleicht bin ich unbekannt in Oklahoma. Aber in Brooklyn kennt mich jedes Kind.*« Abruptes Ende eines Interviews.

Hierauf verziehen wir uns unvermeidlich nach Brooklyn, in die Gegend der J Avenue. Wo ja nicht nur das Geburtshaus aus rotem Backstein zu finden ist. Sondern auch seine Schule, davor zahlreiche Kinder. Kamera läuft. Ein kleines Mädchen: »*Woody wer?*« Ein Junge mit Baseballmütze: »*Woody wer?*« Eine Mutti: »*Woody Island? Kenn ich gut, eine schöne Insel!*« Ein Halbwüchsiger in Leder: »*Nein, aber ich kenne Schwarzy. Kennen Sie Schwarzy?*« Eine weitere Mutti: »*Woody – sind das Sie?*« Ein Papa: »*Schauspieler?*« (Holt einen Knirps aus seinem Auto, präsentiert ihn der Kamera): »*Hier ist ein Schauspieler!*« Alle diese Szenen sind in dem Film enthalten, den wir vertragsgemäß an Loeb & Loeb in Los Angeles expedieren. Keinerlei Antwort. Entweder hat Woody den Film umgehend zerschlissen. Oder er besitzt doch mehr Humor, als wir aus ihm herausholen konnten.

Inzwischen sind wir mit Leonard Cohen verabredet, der schon lang nicht mehr mit seiner *Suzanne* auf der griechischen Zauberinsel Hydra haust, sondern prosaisch und allein in einem Bungalow von Los Angeles. Sänger, Songwriter, Lyriker, Romanautor … und jetzt Mystiker, wie man aus seinen neuen Liedern (*Hallelujah*) erfährt. Und das ausgerechnet in der Lügenstadt L.A. Aber als wir in dem berühmten Musikladen *Tower Records* am Sunset nach seinen Platten fragen, starrt man uns verständnislos an. Sein Ruhm als Troubadour der Liebe beschränkt sich anscheinend auf Europa. In L.A. wohnte er damals, laut eigener Aussage, nur, um auf dem nahegelegenen Mount Baldy mit seinem *roshi* (Zenmeister) zu meditieren. Er heißt Joshu Sasaki, einer von der strengen Observanz. Keine Chance, daß er solch mondänen Plunder wie unsere Filmkamera an sich heranließe. Dafür sechzehn Stunden Meditation am Stück. (Der Meister ist kürzlich mit 107 Jahren verstorben. Danach fand man heraus, daß er dort oben Dutzende von Jüngerinnen und buddhistischen Nonnen sexuell belästigt haben sollte.) Lenny Cohen also lehnt uns strikt ab – Jahre später werden wir ihn doch noch bekommen. Aber da das Team nun einmal vor Ort ist, brauchen wir dringend Ersatz. »*Warum nicht Russ Meyer?*«, schlägt Lenny vor. Was, Russ der Pornofilmer, der Tittenfetischist? »*Nun ja, was habt ihr gegen schöne Busen?*«

Da man hier nichts dawider haben kann, melden wir uns in Meyers Stukkohäuschen, nicht weit vom *Hollywood Sign*. Es enthält Gerät, Schneidetisch, Produktion, Verleih – praktisch ein Einmannunternehmen. Nur eine Sekretärin namens Mary ist noch fallweise vorhanden: sein Aushängeschild sozusagen. Oberweite geschätzte 100 C. Auch wird uns gleich die Garage vorgeführt, darin sein Stolz: ein ältlicher weißer Mercedes kleinster Bauart, Modell 200 oder wie das damals hieß. »*Was sagen Sie dazu?*« »*Wie in Germany die Taxis*«, fährt es mir heraus, und damit ist mein erster Stein vom Brett. Später werden es leider noch mehr, weil ihm ein französischer Kritiker eingeredet hat, er sei der größte Regisseur von Hollywood. Während ich nur seine frühen Filme aus den Sechzigern gelten lasse. Diese kleinen Meisterwerke des Voyeurismus, in denen er mit seinen Säufern, Besessenen, Hillbillies, Rassenschändern und den dazugehörigen Busenwundern den amerikanischen Traum persifliert. Etwa *Die Satansweiber von Tittfield, Im tiefen Tal der Superhexen* usw. Mit Szenen wie dieser eifersüchtigen Jungfrau, die in ihrem Porsche den ungetreuen Boyfriend mit Vollgas gegen die Wand zu klatschen sucht. Dem es aber gelingt, mit seinen muskulösen Armen den Wagen von sich zu stemmen ... Oder der Tussi, der man den Lauf eines Revolvers drohend in den Mund schiebt und die daran zu saugen beginnt ... Oder dieser hinterwäldlerische Krüppel, der im Rollstuhl einem Sportwagen nachhetzt, ihn erreicht und in die Luft jagt. Alles Phantasmen aus dem Bodensatz der amerikanischen Psyche. Weniger ansprechend der rekordsüchtige Tittenwahn, dem Russ in der Folgezeit verfiel (»*ich bin jetzt bei 160!*«) – lauter quillendes, quirlendes, quieksendes Fleisch. Was ich ihm leider nicht verschweigen darf. Danach will Russ unseren Film gesetzlich verbieten lassen, nur durch ein Extrahonorar zu verhindern. Nach unserer Sendung tolle Einschaltquoten, jedoch Verriß durch die scheinheiligen deutschen Kritiker. Zitat: »*Ist das noch der gleiche Troller, der uns einst aus der fröhlichen Seine-Metropole ...*« und so weiter. Dazu – den Vergleich bitte mit Humor nehmen – meine Lieblingsanekdote über das Zusammentreffen des reifen Goethe mit Napoleon in Erfurt. Der Kaiser: »*Ich habe Ihr Buch gelesen. Ich führe es sogar in meiner*

Reisebibliothek bei mir.« Goethe (sich verneigend): »*Welches meiner Bücher, Sire?«* »*Na, den Werther. Haben Sie denn noch andere Bücher geschrieben?«*

Apropos Goethe: Meinen Paradigmenwechsel zum zweiten Kanal hatte damals auch der *Spiegel* entdeckt. Ein jugendlicher Reporter erschien und befragte mich zu allen möglichen Dingen, außer meinen Gedanken zu unserem Metier. Zuletzt die fatale Erkundigung nach einem Lebensmotto. Routiniert zitiere ich Wilhelm Busch (»Humor ist ...« usw.), danach Erich Kästner (»Es gibt nichts Gutes, außer man tut es«). Komme aber zuletzt leider auf Goethes tiefsinniges Poem *Urworte orphisch* zu sprechen. Das reichte, damit der Bericht mit dem geistreichen Satz auftrumpfte: »*Troller, der sich für einen Goethe hält ...«* Seither beschränke ich mich in ähnlichen Situationen auf Busch.

Schließlich eine meiner peinlichsten Erinnerungen. Dabei fand ich die Dame sympathisch. Diese gescheite Britin aus Wales, die sich Jan Morris nannte, war eine bekannte Reiseschriftstellerin und Verfasserin einer freimütigen Autobiographie, betitelt *Conundrum*, was sich etwa mit »Labyrinth« übersetzen läßt. Und die ein bissiger Kritiker mit dem Satz quittierte: »Er *schrieb besser als* sie.« Jan war nämlich vorher ein Mann gewesen, nicht irgendeiner, sondern Abenteurer, Auslandskorrespondent, Bergsteiger, im Krieg Geheimdienstoffizier. Und verheiratet mit einer geliebten Frau, ja es existiert sogar ein gemeinsames Kind. Verspätet, in ihren Vierzigern erst, der Entschluß zur Operation, um der verborgenen weiblichen Natur in sich stattzugeben. Wir drehen Jan an den Lieblingsorten der beiden aus ihrer Vergangenheit, Dalmatien, Venedig. Behutsam und geniert versuche ich, mich an Jans Gefühlswelt heranzutasten. Aber als ich bekennen muß, aus Wien zu stammen, rasselt der Vorhang herunter: »*Ich bin schließlich kein Versuchsobjekt für Ihren Professor Freud!*« Höhepunkt unserer Reise: ein isoliertes Landhaus in Wales. Das Jans ehemalige Lebensgefährtin nach wie vor mit der gemeinsamen kleinen Tochter bewohnt. Ja, die beiden Frauen haben sogar, nach Jans Geschlechtsumwandlung, noch lange wie Schwestern dort zusammen gelebt, »*zwei innige Herzen weit jenseits der Sexualität*«. Der Versuch, die beiden Liebenden gleichzeitig vor der Kamera zum Sprechen zu bringen, hätte eine der ergreifendsten Szenen meines Filmlebens ergeben. Scheitert aber an deren eisigem Schweigen. Bleibt die kleine redselige Tochter, die wir in den verschneiten Garten bugsieren. Das Team von Kameramann Carl-Franz Hutterer mucksmäuschenstill wie selten, jeder spürt das Einzigartige des Augenblicks. Was soll ich die Kleine fragen? Ich frage sie mit verlegenem Stottern, wie es denn wäre, anstatt eines Papas nun auf einmal eine Mama, ich meine eine zweite Mama, nein ich meine eine ehemalige Mama anstatt eines Papas, nein umgekehrt ... Es ist das Chaos, es ist das komplette Debakel!

Abends dann der Versuch, irgendein Schlußgespräch mit Jan zusammenzubringen. Der Kameramann hat die Halle des kleinen Gasthofes mittels eines weißen Sonnenschirms, in dem der Scheinwerfer sich bloß sanft reflektiert, in zartes Kolorit getaucht, worin Jans etwas herbe Züge faltenlos aufscheinen. Die Klappe fällt. Ich frage sie, was sonst, ob man als Frau auf einmal andere Empfindungen in sich spüre, dann als Mann? Darauf ein gigantischer Wutausbruch gegen den Gefühlsausbeuter Sigmund Freud und mich als dessen Stellvertreter. Ende der Durchsage. Ich lasse die Kamera abbauen und wir gehen verdrossen auf unsere Zimmer. Später plötzlich ein leises Klopfen an meine Tür. Es ist Jan, die sich, sehr britisch, für ihre Aufwallung entschuldigt, und sie wäre jetzt bereit. Mit Mühe bekomme ich das Team von neuem zusammen und melde mich bei Jan. Diese nun, recht weiblich: »*Ach wissen Sie, jetzt habe ich schon meine Nachtcreme drauf. Ich glaube, wir lassen es lieber.*« Ich verfluche Freud, mich selbst, die gesamte Filmerei, und gehe trostlos schlafen.

Nicht immer liegt die Schuld bei mir oder uns. Es gibt auch die genannten Schicksalsgöttinnen. Zum Beispiel in Form der (in Paris üblichen) Putzfrauen aus Schwarzafrika. Da drehten wir mit einem prominenten Photographen, dem Engländer David Hamilton. Seine Spezialität, gern in solchen Magazinen wie *Stern* oder *Playboy* zu besichtigen, waren süße schicke Bienen, irgendwie in sanften Nebel und wenig sonst gehüllt. Er zeigt uns, wie's gemacht wird: indem man kurz vor der Aufnahme die Optik anhaucht. Schon lange hatten Schnittmeisterin Elfi Kreiter und ich beschlossen, daß wir – anstatt jeweils eine teure Kopie des Ausgangsmaterials zu ziehen – den Mut haben müßten, direkt ins Original zu schneiden. So hingen bald die ausgesuchten Filmstücke vom Galgen, zwecks Zusammenschnitt am nächsten Morgen. Am folgenden Morgen aber waren sie verschwunden. Die pedantische Putzfrau hatte sie einfach, jeder Unordnung abhold, in den Müll befördert. Worauf wir gezwungen waren, den Film aus Resten zusammenzuschustern.

Jahre später, andere Episode, andere Putzfrau. Es war mein letzter Tag beim Sender. Längst hatte ich meine Archive, meine Bücher, meine Filmkassetten nach Hause geschafft, fehlten nur noch die Preise. Alle diese Goldenen Kameras,

Gongs, Nymphen und Obelisken, diese Grimmepreise und Volksbildungspreise in Gold (oder Imitat), über vier Jahrzehnte gesammelt. Jetzt sorgfältig in Zeitungspapier eingewickelt und zwecks Abtransport in einen Riesenkarton verstaut. Am anderen Tag war der Karton einfach weg, und er ist auch nicht wieder aufgetaucht. Die grünen Pariser Müllwagen enthalten ja gigantische rasselnde Schaufelräder, die alles Verschluckte sofort in Stücke zermalmen. Und so liegt mein Ruhm verblichen auf irgendeiner Halde, lauter glitzernde kleine Goldsplitter, die keiner mehr kennt.

Aber das ist auch noch nicht das Ende der Geschichte. Vor nicht allzu langer Zeit war ich zu einem Jubiläum der Goldenen Kamera nach Berlin geladen. Die Regie sah vor, daß jeder Preisträger und jede Preisträgerin nebst Anhang, die Goldene Kamera in der Hand, feierlich den roten Teppich zum Hotel Adlon heranmarschieren sollte, umsäumt von Presseleuten. Nur ich als Einziger war ohne Kamera, denn die lag ja auf einer französischen Halde. Und in diesem Moment höre ich es, das fatale Wort, von einem der Reporter den anderen zugerufen: »*Das ist niemand!*« Immerhin eine lehrreiche, eine unschätzbare Lektion, nicht mit Gold aufzuwiegen.

Troller mit Filmeditorin Elfi Kreiter und Kameramann »Ato« Hutterer

ÜBER FREUNDSCHAFT UND LIEBE

Läßt sich Freundschaft für sich allein betrachten? Wahrscheinlich nicht. Sie ist nichts anderes als eine Spielart der Liebe. Etwas Kühleres, Gedämpfteres haftet ihr heute an, obwohl sie in früheren Zeiten manchmal sogar als deren Steigerung angesehen wurde. Freundschaft und Liebe, zwei Begriffe, zwei Gefühle, die nicht zu trennen sind. In lateinischen Sprachen haben sie sogar die nämliche Wurzel: amour – amitié sind Zweige des nämlichen Stammes. Schon in frühester Kindheit lassen sie sich kaum auseinanderhalten, verschmelzen zu eins. Denn was ist es, was das Kleinkind zur Mutter und zur Familie empfindet, zu Brüdern, Schwestern, Eltern, Großeltern, als eben jene totale Zugehörigkeit, die sich nie wieder einstellen wird, bis man sie dann als Vater und Mutter wieder an sein eigenes Kind weitergibt? Das einzige ideale und unwandelbare Gefühl wahrscheinlich, das die meisten von uns je kennenlernen. Freundschaft und Liebe in einem.

Sehr bald aber pflegen sich dann, zumindest in unseren Breiten, die Gefühle zu scheiden. Freundschaft wird zu einem Allerweltsbegriff, mit dem man in jungen Jahren verschwenderisch und leichtfertig umgeht. »Ein Freund von mir« kann so ziemlich alles beinhalten: Schulkamerad, Tennispartner, Rockkonzert-Kumpel. Bis hin zu dem raren Tempel der echten Jugendfreundschaft, die auf Lebenszeit zu halten bestimmt ist. »Liebe« hingegen hält man in diesem Alter für ein Sonderangebot, einen Traumartikel, der die Erfüllung aller Wünsche garantiert. »Mit Liebe laß ich mir noch Zeit« ... denn man ahnt sie ja als etwas Erschreckendes und Verpflichtendes. Bis dann, zur eigenen Überraschung, aus der unverbindlichen Freundschaft, vielleicht nur durch ein Wort oder einen Kuß, die Liebe entsteht. Wenn auch zunächst nur in ihrer Vorform, der Verliebtheit. Liebeserklärung in der Aufwallung des ersten echten Gefühls – heute gern verlogen und ausredereif mit »I love you« kaschiert. Liebe als romantische Sehnsucht, in die man sich nur zu gern hineinredet, am liebsten brieflich, wo es der oder die Angehimmelte nicht augenscheinlich kontrollieren kann. Und dann natürlich Liebe als Synonym für sexuelle Begierde oder Erfüllung (»Liebe machen«, »käufliche Liebe« usw.). Die »große Liebe« ist für später, wenn überhaupt. Nur noch 27 Prozent aller Deutschen glauben (laut »Fokus«-Umfrage) an die große Liebe, vor zwei Jahrzehnten waren es noch

61 Prozent. Und nur 18 von hundert meinen sie gefunden zu haben. Ist die Liebe im Aussterben?

Bezeichnend, daß es keine einschlägigen Untersuchungen über die moderne Freundschaft gibt, ein Gefühl, das sozusagen niemand mehr vom Hocker reißt. Schillers »Bürgschaft«, unvorstellbar in unserer schnellebigen Zeit. »Ich sei, gewährt mir die Bitte, in eurem Bunde der Dritte« – lächerlich. Auch die überschäumenden Freundschaftsbezeugungen der Wertherzeit finden wir komisch. Ganze Briefromane schrieb man damals an den Herzensbruder, und auf der Bühne mußte jeder Held seinen »Konfidenten« haben, dem er sein Innerstes mitteilte. Lauter ausgestorbene Literaturgattungen. Immerhin gab es noch bis vor kurzem das »Road movie« und den »Buddyfilm«, in denen verschworene Kerle wie Redford und Newman ihre gemeinsamen Abenteuer erlebten, action-haltiger in Amerika, empfindsamer in Europa. Ersetzt seither durch die ebenso phantastische Vorstellung weiblicher Kumpel, wie »Thelma und Louise«. Hatten einst die männlichen »Buddies« bloß feixend auf Frauen verzichtet, so geben sich ihre weiblichen Nachfolger allerdings als akute Männerhasser und Killer. Beiden Genres haftet etwas von Ernüchterung, Desillusioniertheit an. Freundschaft, Kumpelei als Ersatz für ausbleibende oder verkorkste Geschlechterliebe, als Gegenentwurf zu Liebesgefühlen, an die man nicht mehr richtig glaubt?

Oder Freundschaft als Alterserscheinung, Liebe auf geriatrisch? Sicher scheint mir, daß der Mensch mit reifenden Jahren auch die Freundschaft zunehmend ernst zu nehmen pflegt, während die Liebe ihren Absolutheitsanspruch einbüßt. Jetzt gebraucht man betont solche Ausdrücke wie »einer meiner ältesten Freunde«, »ein verstorbener Freund von mir« usw. Es ist, als wolle man sich in aller Öffentlichkeit seiner Fähigkeit zur echten Freundschaft versichern und berühmen. Nachweise der andauernden Liebesfähigkeit sind andererseits weniger gefragt. Wer sich bis ins Alter immer neu verliebt, gilt als leicht töricht bis würdelos, auch wenn es sich um Koryphäen handelt wie Hemingway, Thomas Mann, Elizabeth Taylor oder sogar Goethe. Viel lieber als von den frustrierten Heiratsplänen des alternden Olympiers erfahren wir von seinen langjährigen Freundschaften zu Schiller oder Zelter. Den Johannistrieb empfindet man selbst bei ihm als unangebracht. Vor Sonnenuntergang hat man nicht mehr geschlechtlich zu begehren, sondern seine Aufwallungen umzuschmelzen in Freundschaft, Patriarchentum, Tierliebe oder Sammlerleidenschaft – zur Not deren unedelste Abart, die Geldgier. Sublimiert wäre ein besserer Ausdruck, und tatsächlich scheint mir die Freundschaft essentiell aus sublimierter Begierde und Liebe zu bestehen. Warum befreundet man sich denn mit dem einen Menschen, so vielen anderen nicht ... als weil hier eben doch eine Art von Verlieben stattfindet, einschließlich der physischen Anziehung. Man »fällt in Freundschaft« wie man »in Liebe fällt« (warum fehlt im Deutschen dieser Ausdruck?). Mit fortschreitendem Alter kommt dann zunehmend das Seelische und Intellektuelle hinzu. Jugendlich-schwärmerische Freundschaften grenzen leicht an das Homoerotische, spätere entschlacken sich. Aber schließlich bleiben auch hier, wie bei allen menschlichen Beziehungen, die Grenzen fließend. Verlaines berühmte Freundschaft mit Rimbaud war gewiß, trotz aller bis heute reichenden Dementis, eine homosexuelle Liebesbeziehung, die sich aber, zumindest bei dem Älteren der beiden, zu lebenslanger Treue und Bewunderung läuterte.

Aber gibt es das überhaupt unter gewöhnlichen Sterblichen, die Umwandlung von Liebe zu Freundschaft? »Laß uns von nun an gute Freunde sein« ... eine verbrauchte Phrase, um den Trennungsschmerz des (oder der) verlassenen Liebenden zu lindern. Eine Freundschaft, die gewiß nicht so häufig zustandekommt wie erhofft, denn meist wird der entschwindende Teil keinen Piep mehr von sich hören lassen, außer es gibt gemeinsame Kinder. Abgekühlte Lieben, etwa geschiedene Ehepaare, die später auch mal in Ruhe einen Kaffee zusammen trinken – mag sein. Daß sich daraus eine echte, dauernde Freundschaft entwickelt, ist mir selten untergekommen. Fast immer hat man wohl (und ich weiß, daß ich mich hier auf vermintes Gelände begebe) die Seele des Liebespartners zuerst über seine Körperlichkeit erfahren: seinen Typ, sein Aussehen, sein Gehabe, seine Sexualität. Sexualität in dem Sinne nämlich, den Nietzsche meint, wenn er darauf hinweist, daß sie bis in die feinsten Verästelungen der Persönlichkeit reicht. Fallen diese Attraktionen fort, so wird sich vielleicht eine Art gutmütige Lässigkeit und Bonhomie, seltener eine wahre Freundschaft auf den Ruinen der Leidenschaft errichten lassen. Freundschaft ist eben nicht abgekühlte Liebe, sondern eine andere Art von Liebe. Die, wie übrigens auch die Liebe zu Kindern, den Vorteil hat, daß sie sich auf mehrere Menschen verteilen läßt, ohne dem einzelnen etwas zu versagen. Was sich (jeder Eifersüchtige weiß ein Lied davon zu singen) bei der »großen Liebe« in der Regel ausschließt. Der Fremdgeher, die ungetreue Geliebte, sie nehmen tatsächlich dem zurückbleibenden Partner etwas Unersetzliches fort, entziehen ihm Liebe, um sie einem anderen, Unwürdigeren zu schenken. Freundschaft ist teilbar, Liebe nur unter Ach und Weh. Wie schrieb Goethe doch gleisnerisch an Charlotte von Stein, als er sich mit seiner späteren Frau Christiane einließ? »Wem entziehe ich etwas, wer fühlt sich verkürzt?« Dennoch mußte es zum Bruch kommen, denn selbst der Kettenliebhaber Goethe konnte nicht mehr als eine Frau auf einmal lieben. Kaum noch Freundschaft gab es anschließend mit den beiden, so wenig wie mit irgendeiner seiner Verflossenen in den Jahrzehnten zwischen Charlotte Buff und Marianne Willemer. Ja, eher eine befremdende Kälte. Enttäuschte Liebe, sowohl vom Standpunkt des Enttäuschers wie des Enttäuschten, läßt zumeist eine Trümmerlandschaft zurück, auf der nichts mehr gedeiht. Der Ungetreue hat dir ja gerade jenen Teil von dir herausgerissen, mit dem du Zuneigung gerade zu ihm empfinden konntest. Nun bleibt bestenfalls noch Schweigen, wenn nicht gar Haß oder Verachtung. Nein, ich glaube nicht so recht an die Liebe, die sich zur Freundschaft wandelt.

Übrigens auch nicht an den umgekehrten Weg. »Who ever loved that loved not at first sight« – der einzige Fremdvers, den Shakespeare (von Marlowe) in sein Werk übernahm. Liebe ist Liebe auf den ersten Blick. Nur ausnahmsweise wird sie sich aus Freundschaft hochsteigern lassen. »Wir kennen uns doch gar nicht«, »Geben Sie mir Zeit, Sie kennenzulernen« ... lauter Ausreden des oder der Minderliebenden, aus Angst vor dauernder Bindung ohne vorherige Liebe. Durch Kennenlernen hat sich (wieder dieses verminte Territorium) noch selten Liebe hergestellt. Höchstens, daß sie sich anreichern läßt mit Freundschaft, Bewunderung, intellektueller Faszination. Aber der üblichere Weg wird wohl sein, daß zuerst die physische Attraktion einschlägt, und daß man sich, dadurch angeregt, überhaupt erst die Mühe gibt, dem andern all die tollen Eigenschaften unterzuschieben, die man von ihm erträumt.

Gibt es überhaupt Freundschaft der Geschlechter zueinander, ich meine vor dem abgeklärten Alter? Gewiß, wenn man nur den Begriff so weit spannt, daß auch die erotische Anziehung ihren Platz darin findet. Diese Freundschaft ist dann eben unerfüllte, oder absichtlich abgestumpfte Sexualität, vielleicht wegen anderweitiger Bindung, oder weil der erotische Magnetismus nicht drängend genug war zur gegenseitigen Erfüllung. (Siehe z. B. Grillparzers Verhältnis zu seiner »ewigen Braut« Katharina). Ein Spiel mit sexuellen Möglichkeiten wird aber dabei immer mitschwingen. Nicht anders bei den verborgenen homosexuellen Freundschaften, wie sie leicht in den »klassischen« Beziehungen der Kleist, Nietzsche, Freud auszumachen sind. Ganz allgemein glaube ich nicht so sehr an die edle Freundschaft, wie sie so viele Kulturvölker sublimiert in ihren Sagen verherrlichen. Was ließen sich allein aus den Freundschaften des Nibelungenliedes für erotische Schlüsse ziehen! Hagen, der Siegfried von hinten durchbohrt, nachdem dieser durch seine Liebe zu Kriemhild die Männertreue verrät! Oder aber die leicht anrüchige Freundschaft des Achilles mit Patroklos in der Ilias. Immer wird es eben auch in der Freundschaft um die chemische Anziehung der »Wahlverwandtschaften« gehen. Deren ansteigende Stufen: Kumpelei, Kameradschaft, Freundschaft, Liebe, alle für mich aus dem identischen Stoff gemacht sind. Jenem Hingezogensein nämlich zu einem gewissen Typus und darin wieder einem bestimmten Individuum.

Dennoch liegen die Unterschiede auf der Hand. Ist auch Freundschaft eine Art von Verliebtheit, so ohne Exklusivanspruch. Man kann nicht »jeder Geliebten etwas anderes geben« (eine faule Ausrede), wohl aber jedem Freund. Sucht der Liebende sich in der Liebe ganz zusammenzufassen und als Gesamtwesen herzuschenken, so sind die Ansprüche der Freundschaft – außer in frühester Jugend – gedämpfter:

Vertrauen ist gefragt, Herzausschütten, Treue, Gemeinsamkeit auf bestimmten Gebieten, je seelischer desto besser. Sonst bleibt es bei Besuchsfreundschaft, Interessengemeinschaft. Jeder Brief an Freunde, sagte mir Peter Handke einmal, muß zumindest *ein* intimes Geständnis enthalten, sonst vertrocknet die Freundschaft. (Er pflegt es bei einem zu belassen.) Gerade in dieser Beziehung ist die in früheren Zeiten verbreitete Meinung, Frauen würden keine Freundschaft kennen, ein Unsinn. Die weibliche Fähigkeit, intime Dinge preiszugeben und abzufordern (von Männern gern als Schamlosigkeit empfunden), läßt weibliche Freundschaften erstaunlich schnell erblühen und zu einer Reife gelangen, die vielen Männern versagt bleibt. Auch sind weibliche Freundschaften keineswegs, wie sich die Männer gern schmeicheln, nur Ersatz für Sexuelles, oder bloße Fortsetzung der Eitelkeitsbefriedigung mit anderen Mitteln. Frauenfreundschaften hat es zu allen Zeiten gegeben, nur pflegt man sie aus irgendeinem Grund nicht an die große Glocke zu hängen. In unserer Zeit denke ich an die Solidarität im Frauen-KZ oder innerhalb der verschiedenen Frauenbewegungen. Oder man lese aus dem vorigen Jahrhundert die Freundschaftsbriefe der Rahel, der Bettina, der Günderode. Eigentümlicherweise scheinen Frauenfreundschaften sogar weniger Erotisches zu enthalten als männliche, vielleicht weil sie oft als Schicksals- oder Notgemeinschaften herhalten müssen gegenüber Macho-Ausbeutung. Aber immer wieder sind es die Männerfreundschaften, die literarisch verwertet und verherrlicht werden. Vor allem männliche deutsche Autoren, von Karl May bis Thomas Mann, Brecht und Hermann Hesse, wissen mit weiblicher Freundschaft wenig anzufangen.

Hingegen ist ein geliebter Topos das schamhafte Erblühen der Männerfreundschaft mit seinen keuschen Blüten. Wie schwelgt da der Autor in zarten Andeutungen unter rauher Schale, bis endlich die Erlaubnis erteilt oder erobert wird, sich dem anderen aufzuschließen mitsamt seinen verborgenen Sorgen und Schwächen, ja sich ihm anheimzugeben.

Auch der Erfolg von Interviews, Fakt-Romanen, Dokumentarfilmen beruht ja in der Hauptsache auf dem geheimen Drang unserer Opfer, sich endlich wahrhaft erkannt, durchschaut, geschätzt ... und vergeben zu wissen. »Sie sind der einzige, dem ich mein Leben erzählen würde«, schrieb mir der amerikanische Autor Harold Brodkey, den ich zu seiner geheimen Lust bis aufs Blut damit gequält hatte, mir ein paar Splitter davon preiszugeben.

Nirgendwo scheint mir die Gabe der Freundschaft unterentwickelter als unter puren Machtmenschen und Politikern, denen sich ja jedes Bekenntnis als Schwäche darstellt und jede echte Gefühlsbezeugung als Ritze in ihrer Rüstung, die den nächsten Streich geradezu herausfordert. Solche Menschen pflegen dann ein ganzes System von rhetorischen Ersatzhandlungen und Reservegesten aus sich herauszuspulen, um ihre mangelnde Fähigkeit zur Freundschaft zu verschleiern. Als da sind: Schulterfassen, Umarmungen, Küßchen, fester Handdruck mit Blick in die Augen, besonders häufige Anwendung von hochgezwirbelten Sätzen wie »mein von mir so verehrter Kollege«, »einer der Männer, denen ich am meisten verdanke« usw. Gerade in unserem Metier wird man feinfühlig für solche Phrasen und Manieren, die Gefühle nur vortäuschen. Vivant die echten!

Der Autor umgeben von seinen Lektüren

EIN INTERVIEW

▮ *Basler Zeitung: Herr Troller, haben Sie Angst vor dem Tod?*
Georg Stefan Troller: Dem Nichtmehrdasein sehe ich mit Gelassenheit entgegen. Ich habe Angst vor Krankheiten, Schmerzen, Zusammenbrüchen. Kann ja jederzeit losgehen.

▮ *Sie sind bald 95. Ist es eine Bürde, so alt zu werden?*
Das Schönste am Altern ist, daß man schon die Abwesenheit des Übels wie eine Gnade empfindet. Als junger Mann sucht man das Glück. Als alter Mann meidet man das Unglück.

Träumen Sie?

Häufig Verfolgungsträume. Das Unbewußte ist ja wie ein Sack, der das ihn Bedräuende entleert. Ich träume gern von Hotels, bei denen man durch einen langen Flur irrt, sein Zimmer sucht und es nicht findet.

Das nennt man wohl Schlüsselträume.

Ja. Und jetzt, wo man sich öfter erleichtern muß als alter Mann, träumt man auch vom unauffindbaren Klo. Da war ich z.B. zum Jubiläum des Mauerfalls in Berlin und kam in eine Menschenmenge. Ich war wie festgekeilt. Plötzlich merke ich, daß ich dringend auf die Toilette muß. Herrgott, wie komm ich hier heraus? Dabei waren wir meilenweit von dem angesagten Spektakel. Irgendwann kämpfte ich mich durch und suchte laut nach einem Baum, hinter dem ich verschwinden konnte: »Wo ist ein Baum? Wo ist ein Baum?« Dann fand ich endlich einen und war gerettet. Troller auf der Suche nach einem Baum, um zu pinkeln. So endet das Leben. Welch ein Abschluß. Einstmals die Suche nach meinem Traum. Heute nach einem Baum. Da hilft nur mehr der Humor.

Beim Lesen Ihrer Bücher dringt durch, daß Sie sich häufig in den Personen, die Sie porträtieren, wiederfanden. Brauchen Sie diese fremden Leben, um in die Nähe des Ihren zu kommen?

Ich suchte immer Menschen, die eine bessere Projektion meiner selbst waren. Und ich nahm immer ein Stückchen von ihnen mit. Durch sie kam ich mehr und mehr zu mir selbst. Ich glaube heute, es war meine Art der Psychoanalyse. Gesundung über andere.

■ *Wen bewunderten Sie besonders?*
Ich bewunderte Leute, die unbedingt zu sich selber standen, sich selbst treu waren. Ich selbst mußte mir ja immer die Frage stellen, ob ich nur ein Nachahmer sei.

■ *Waren Sie es?*
Die meisten Schreiber sind zuerst Nachahmer. Jeder Autor hat Angst, daß ihn einmal ein Rechercheur beim Schwindeln ertappt und nach seinen Quellen fragt. Aber das ganze Leben ist ein Weg der Selbstfindung, wie ein Zug. Irgendwann springt man von der Bahn ab. Kein Mensch fährt an die Endstation. Aus Feigheit, Angst, Langeweile, was auch immer. Sie machen lieber ihren Sonderfrieden. Ich hatte oft das Gefühl, ich wäre zu früh abgesprungen. Damals nannten wir das auch die gläserne Wand. Die gläserne Wand zwischen sich und dem Leben. Lebt man den Augenblick genug aus, wie er es verdient? Diese Skepsis, daß ich den Moment womöglich nicht voll auskoste, blieb mir mein ganzes Leben. Ein nagender Zweifel.

■ *Was wäre diesbezüglich eine unangenehme Frage?*
Ist nicht alles Schwindel, was Sie in Ihrem Leben gemacht haben, haha?

■ *Ist nicht alles Schwindel, was Sie in Ihrem Leben gemacht haben?*
Ich bin nur ein kleiner Autor. Aber jeder noch so kleine Autor oder Filmemacher der Welt hat irgendwann das Gefühl, ein Schwindler zu sein. Weil er Leben in Buchstaben und Bilder verwandelt. Das ist ungehörig. Eine Verfremdung des Lebens. Andererseits ist die Verfremdung der einzige Weg, zur Kunst durchzustoßen, oder etwas dergleichen.

▮ *Was war der größte Schwindel Ihres Lebens?*

Daß ich eigentlich nicht der bin, der ich bin. Daß ich allzu lange neben mir her gelebt habe, auf der Suche nach mir selbst. Aber ich glaube letztlich, daß jeder bewußte Mensch diese Selbstabrechnungsmanie in sich trägt. Ich habe mir ein Grab im voraus gekauft. Hier in Paris, am Friedhof Montmartre, zu Füßen von Heine. Der litt auch unter dieser Manie.

▮ *Erst als Sie 50 Jahre alt waren, haben Sie sich als Jude zu erkennen gegeben. War das eine Befreiung?*

Nein. Vielleicht. Nun, doch, ja. Ich durfte endlich ein Stück weiterrücken. Die Angst der Deutschen, mit Opfern konfrontiert zu werden, ist groß. Sie werden lieber mit Menschen konfrontiert, die das verurteilen, als mit solchen, die es durchlebten. Als ich mich bekannte, durfte ich endlich ehrlicher zu mir und zu den Leuten sein. Ich wollte immer, daß die Deutschen mich und meine Werke so lieben lernen, daß sie, wenn sie meine jüdische Herkunft erfahren, nicht mehr herauskönnen. Dann dürfen sie nicht mehr sagen: »Typisch jüdisch«, wie in meiner ganzen Jugend. War schon allerhand, beliebt zu sein. Rettet einen vor den ewigen Selbstzweifeln. Man hört auf, sich die Frage zu stellen, ob alles, was man tut, Scheiße ist. Eigentlich machte ich diese Filme, um micht zu beglücken. Daß das Publikum darauf einstieg, war Chance und meine Lebensrettung.

▮ *Sie zogen als GI gegen Deutschland in den Krieg. Dann wurden Sie zum Verhörspezialisten von Nazis. Wie waren solche Gespräche?*

Faszinierend. Zunächst hatte ich die gleiche Angst, wie damals während der Kristallnacht. Angst, ermordet zu werden. Dann ist mir klargeworden, daß es zumeist arme Hunde waren. Bei den Gesprächen kamen eigentümliche und lächerliche Dinge in mir heraus.

▮ *Was für Dinge?*
Daß man sie auch irgendwie gemocht hat, verdammt noch mal! Daß man sich auch in sie einfühlen konnte.

▮ *Wie war das während der Vernehmungen?*
Ich hatte immer die stille Hoffnung, jemanden bei meinen Verhören zu treffen, den ich von damals kannte.

▮ *Sie wünschten sich, jemanden zu treffen, der die Brücke von der Vergangenheit zur Gegenwart zu schlagen vermochte?*
Ja. Und der Reue verspürte. Der zurücknimmt und sich entschuldigt. Für das, was sie uns und auch einander angetan haben. Jetzt, wo sie im Dreck lagen.

▮ *Und was haben Sie Ihr ganzes Leben lang gesucht?*
Zugehörigkeit. Tief drinnen, wo das Werkel läuft, wo die Schreibe herkommt, habe ich das immer gesucht. Mein Ersatz für das Volk, dem man nicht mehr angehören konnte, war die Sprache. Ich war seitdem 100mal in Deutschland, war zehn Jahre lang WDR-Korrespondent, 20 Jahre lang ZDF-Korrespondent und irgendwann begannen die Deutschen, mich als zugehörig zu empfinden.

▮ *Dennoch gibt es ein »Aber«.*
Aber ja, ich redete es mir vielleicht nur ein. Dieser Philosemitismus in Deutschland, diese Wiedergutmachungsmanie, zwang die Leute vielleicht dazu, mich mehr ans Herz zu drücken, als sie eigentlich wirklich gefühlt haben.

▮ *Was hat Sie überleben lassen? Oder nicht sterben?*
Die Sprache, die Kunst, die Kultur.

▮ *Sie sind ein Perfektionist, wenn es um Ihre Filme geht?*
Absolut. Die Verschmelzung von Wort und Bild war mir unglaublich wichtig. Echt harte Arbeit. Und frustrierend. Das Wort mußte dem Bild Erkenntnis zuführen, es erlebnisfähig machen. So konnte ich mich selbst fusionieren. Ich liebe das Bild, ich liebe die Sprache.

▮ *Waren Sie eher Literat, der Filme macht, oder Filmemacher, der Literatur betreibt?*
Kinder, eine gute Frage. Was war ich? Sobald ich im Sender sah, was die Kollegen für Filme herstellten, sagte ich zu mir, daß ich das Gegenteil will. Und das war eine literarische Art, eine künstlerische Darstellung des Lebens. Was ja damals verpönt war, man hatte Sozialkritisches zu bringen. Meine Sachen müssen aber einem tiefen Wunsch des Publikums entsprochen haben, wir bekamen bis zu 50 Prozent Einschaltquote. Nein, ich war kein Ideologe. Wenn meine Filme eine Meinung vertraten, so erst in zweiter Reihe. Diese Filme waren Kunstprodukte. Was mich antrieb, war die Verwandlung der Realität in Film, ja in eine Art Spielfilm. Was mir auch die Chanche bot, mich selbst zu verwandeln. Durfte man das? Im Sender war man skeptisch, aber ließ mich gewähren, als ein komischer Paradiesvogel. War mir auch recht.

▮ *Welchen Ihrer Filme halten Sie für wirklich gelungen?*
Es gibt einige Filme. Zum Beispiel der über den querschnittsgelähmten Vietnam-Veteranen Ron Kovic. Später drehte Oliver Stone den Spielfilm »Geboren am 4.Juli«

über ihn. Mit 23 Jahren war der Mann fertig, ein impotenter Krüppel. Ich begann den Film mit der Szene, wo sich Kovic auszieht und nackt in die Badewanne steigt. Mit seinen Übeln. Dem Katheter, mit dem er den Urin ablaufen läßt, seinem geschrumpften Penis. Nach und nach erzählt er uns, wie man sowas überlebt. Das war unglaublich. Eines meiner Anliegen war, mit diesen Filmen zu zeigen, daß man es schaffen kann. So wie er es geschafft hat.

▮ *Sie sprachen vorhin von Ihrer Selbstzerrissenheit und dem fehlenden Zugehörigkeitsgefühl. War diese mangelnde Verortung kein Vorteil?*

Dieses Gefühl war letztlich sehr kreativ. Eine Spannung, die nie aufhört. Ich begriff das aber erst sehr spät. Es macht einen zum Einzelgänger. Obwohl ich auch sehr stark auf Freundschaften eingestiegen bin.

▮ *In Ihrer Autobiographie erwähnen Sie den jüdischen Selbsthaß. Was sind das für Mechanismen, die da mitspielen?*

Die Identifizierung mit seinen Quälern kennt man ja aus den Geiselnahmen. Man will Quäler und nicht Gequälter sein. Man will der Mehrheit des guten Gewissens, der Mehrheit des selbstverständlichen Soseins angehören. Ich hasse den Begriff vom jüdischen Selbsthaß, nur weil er die Umstülpung des Hasses der anderen auf uns selbst ist. Die assimilierten Juden waren damals eine Art Oberschicht. Wir waren fleißig, fortschrittlich, oft begütert. Was in Österreich an Industrie und Handel existierte, war oft von Juden gegründet worden. Das führte natürlich zu Neid, Haß, Mordphantasien. Und dabei empfanden wir uns gern als die besseren Deutschen. Ich war der einzige in der Klasse, der den Faustmonolog auswendig konnte.

▮ *Dieses Gefühl des Fremdseins begleitete Sie dann Ihr ganzes Leben. War Ihnen das bewußt?*
Es wurde zur Leitkomponente meines Lebens. Das mußte ich akzeptieren. Ich war der deutschen Kultur verpflichtet. Als wir gezwungen waren zu flüchten, fingen meine Freunde an, französisch und englisch zu sprechen und zu denken. Ich aber schrieb weiter auf deutsch.

▮ *Der deutsche Kulturraum als ewige Heimat?*
Ich könnte schwören, daß ich der einzige amerikanische GI war, der mit Nietzsches »Zarathustra« auf deutsch im Tornister in den Krieg gegen die Deutschen gezogen ist. Urblöd irgendwie. Tragikomisch, wenn Sie wollen

▮ *Wieso?*
Weil ich Amerikaner war. Man kämpfte für diese neue Heimat. Ich kam nie dazu, das Buch zu lesen, aber ich hatte es bei mir. In meinem Keller steht ein Koffer. Und in diesem Koffer sind die Antworten auf all diese Fragen. Meine jugendlichen Schriften, Erinnerungen, Liebesbriefe, Kriegstagebücher. Ein ganzes verdrängtes Leben.

▮ *Und diesen Koffer haben Sie all diese Jahre nie geöffnet?*
Nicht bis vor kurzem.

▮ *Wieso nicht?*
Aus Angst, mit einem poetischen Jüngling konfrontiert zu werden, der seine Versprechen nicht gehalten hat. Der einmal etwas konnte, was er längst nicht mehr kann. Einer, der Gefühle ausstrahlte, die er nicht mehr hat. Liebesbriefe! Wer will damit konfrontiert werden? Alte Lieben. Tote Lieben. Der Inhalt des Koffers, diese gnadenlose Konfrontation

mit einem 20-jährigen Selbst: eine einzigartige Erschütterung. Mit 16 Jahren schrieb ich meine erste Autobiographie. Ich schrieb, daß ich ein schlau hinter dem Pessimisten verborgener Optimist sei. Das war eine plötzliche Erkenntnis, die genau stimmte. Heute würde ich mir einen solchen Satz nicht mehr zutrauen. Ich bin durchdrungen von diesem Emigranten-Mißtrauen, wonach der auf den Kopf gehauen wird, der zu zuversichtlich ist. Man soll sich lieber bescheiden geben und wenig erhoffen, dann könnte es klappen. Aber noch ein Wort zur Sprache, bitte. Die Sprache war die Geliebte, die man nie verlassen durfte, auch wenn sie einen immer zu verlassen drohte. Was das für einen jungen Autor bedeutete, kann man sich kaum vorstellen. Denn in Wirklichkeit sind die Gedanken sehr innig mit dem Wort verbunden. Hast du das Wort, kann sich der Gedanke darauf einstellen. Hast du die Worte, fühlt man sich dem Leser verpflichtet, ihm seine Gefühle mitzuteilen. Hat man sie nicht, ist man auf alle Zeit verloren. Kinder, das sind Gespräche, die niemanden interessieren! Meine Güte, ich halte Sie zu lange auf, Sie schauen auf die Uhr.

▮ *Nein, machen Sie sich keine Gedanken. Wir fahren in zwei Stunden nach Basel zurück, aber wir haben genug Zeit.*

Ich könnte nicht so beruhigt hier sitzen. Ich habe Zug-Angst. Muß immer mindestens eine Stunde vor Abfahrt an dem Gleis stehen. Der versäumte Zug ist ja ein Symbol für versäumtes Leben. Aber das läßt sich bekämpfen. Ich tue es alle Tage. Dazu ist man da.

Troller mit uraltem Papagei in Guatemala

DIE KUNST DES ALTERNS

EIN VORTRAG

»*Früher war man dies und das, jetzt ist man nur noch alt.*«
Lichtenberg

Meine Damen und Herren, lassen Sie mich, um gleich den richtigen Ton für diesen Vortrag zu finden, mit einem Ausspruch des französischen Autors Jules Renard einsetzen: »Das Alter – das ist, wenn man beginnt zu sagen: Ich habe mich nie so jung gefühlt!« Und nun zurück zum Jahr 1863, also vor gut anderthalb Jahrhunderten. Da hielt Jacob Grimm in der Königlichen Akademie der Wissenschaften zu Berlin eine Rede über das Alter. Er war damals 78 Jahre alt. Eine Summe, eine Anhäufung von Zeit, die man selbst lange für gigantisch halten wird, bis man auf einmal verblüfft feststellt, daß sie einem geradezu jugendfrisch, na, sagen wir höchstens mittelalterig vorkommt.

Jetzt habe ich vor kurzem zu meinem immensen Erstaunen die Altersspanne überschritten, die mein Vater seinerseits erreichen durfte. Älter als mein Vater? Unmöglich! Ich bin doch der Sohn, ich bin doch Gockel, Schorschi, Schurli, Georgie-Pie! Wie geht das zu? Und danach gleich die Frage: Haben eigentlich meine Kinder, haben die zwei Töchter etwas vom Großvater geerbt? Im Grund hat man sie von jeher, anders als dieser, weniger als Nachkommen empfunden denn als eigenständige Personen. Und insgeheim sogar als gescheiter, als man selber je war. Hat sie zwar nicht durchwegs gebilligt, aber doch als das akzeptiert, was sie waren – ganz wie meine Dokumentarfiguren übrigens. Nicht eben das schlechteste Film- oder Lebensprinzip, will einem jetzt scheinen. Aber wieso habe denn ich, meinem Gefühl nach, nie diese Stufe von Erwachsensein, von Reife, von Beschlagenheit erreicht, die ich, vielleicht nicht ganz zu Recht, dem Vater lebenslang zuschrieb? Bin ich tatsächlich jetzt älter geworden, als er je war? Immer wieder ertappe ich mich dabei, an den Fingern durchzuzählen, ob hier nicht irgendwo ein Rechenfehler vorliegt, sagen wir um ein rundes Jahrzehnt. Alt, das hieße doch weise! Einen Schatz an Erkenntnis, an Erleuchtung, an Durchdringung der Bedeutungen, an Selbstgefühl müßte man doch angehäuft haben, sonst war das Ganze für die Katz. Spüre ich das wirklich?

Dazu kommt, daß jetzt mehr und mehr fremde Menschen dich sozusagen anzapfen wollen, deine Erfahrungen abrufen, vielleicht um ihr eigenes Lebensvehikel damit aufzutanken. Und man weiß einfach nicht, was man ihnen da übermitteln soll, denn höhere Einsichten hat man ja letztlich nicht zu bieten. Keine Orakelsprüche, keine allgemeingültigen Lebensregeln. Sondern man kann höchstens erzählen von einem ganzen Berg von Begegnungen, privaten und professionellen, und dabei unvermeidlich einigen mit sich selbst. Auch wie man damit zurechtgekommen ist, wie einen dieser Umgang beeinflußt und geformt hat. Und damit, Herrschaften, fängt mein bißchen Alterserkenntnis an.

Persönlichkeit ist Schicksal, heißt es. Oder, anders eingefaßt: Das, was man erträumt, das, woran man im Innersten glaubt, das passiert. Natürlich will ich damit nicht sagen: Nur das, was man erträumt hat, verwirklicht sich. Wir wissen ja alle, was mit uns in Nazizeiten vorgegangen ist, in Kriegszeiten, was alles auf dich einstürzen kann in Zeiten existenzieller Krisen. Wo blinde Mächte wild zuschlagen und keineswegs nur die Würdigsten überleben. Und doch: Es scheint mir heute, daß alles passiert, weil jemand daran glaubt. Ja, daß alles Positive und Negative auf der Welt geschieht, weil zuerst genug Leute daran geglaubt haben. Und – nur mit Zittern und Zagen schreibe ich es hin – es passiert, wenigstens in sozusagen »normalen« Zeiten, auch dem einzelnen oft das ihm Gemäße, das, worauf er angelegt ist, worauf etwas in ihm hinauswill.

Habe ich also lange, und mit verhältnismäßig geringen körperlichen und seelischen Schäden, überlebt aus eigenem Verdienst? Wenn ich in mich hineinhorche, so empfinde ich es doch eher als Glück. Glück haben, das hielt einst Napoleon für die erste Tugend seiner Generäle. Für mein eigenes Glück bin ich zunächst einer Menge Mitmenschen dankbar: Eltern, Verwandten, Kindern, Frauen, auch meiner hier anwesenden. Ebenso Mitarbeitern, Verlegern, Fernsehteams und so immer fort. Und doch, ich komme immer wieder darauf zurück: Verdient man nicht eigentlich auch sein Glück? Nun ja, mit dem Alter pflegt man zunehmend daran festzuhalten, also das Äußerliche dem Inneren nachzuordnen. Aber: Hieße das nicht auch, daß man sein Unglück verdient? Und wer darf das behaupten angesichts der schon genannten Greuel auf Erden? Aber etwas ist da schon dran, scheint mir. Auch das persönliche Glück, wenigstens ein Scheibchen davon, steht einem zu, ist irgendwie ein Teil deiner psychischen oder genetischen Zusammensetzung. Dem auf Glück Eingestellten, Programmierten hilft das Glück! Dieser Magnet in dir zieht seinesgleichen an. So haben mir als Junge in der Emigrationszeit nicht nur Eltern, Onkel und Tanten das Leben gerettet vor Deportation und gewaltsamem Tod. Sondern ein bißchen auch, denke ich, meine eigene kindliche Naivität, meine Unbedarftheit. Sagen wir, ich war dem Schicksal nicht gewichtig genug, um zuzuschlagen ... Nehmen Sie das nicht zu wörtlich bitte, nur ein Einfall. Ist das Weisheit oder Abgeklärtheit? Und ist dergleichen überhaupt erlernbar, ein Stück Lehrstoff? Wohl kaum. Aber solche Aufspürungen gehören nun einmal zum Altern, wenn andere Glaubenssätze verblassen.

Also, Ihr Pulli, meine Damen und Herren, ist sozusagen selbst gestrickt. Gewiß, jeder von uns nährt sich zu dieser und jener Zeit aus verschiedenen Schubladen seiner selbst, und wenn er so gebaut ist, manchmal auch aus der tiefsten. Aber es bleibt doch immer dasselbe Möbelstück. So lebt man in der Jugend vom Vorgefühl beglückender Verzauberungen, etwa der »großen Liebe«, durch die sich alles urplötzlich verwandeln muß und das wahre Leben beginnt. Sich verlieben hieße demnach, für die Liebe geschaffen sein, auf sie eingestellt sein, und damit sie anzuziehen, so verwirklicht sich der Traum. Und Unglück wäre dann andererseits nichts als der Lohn der Angst, deiner Angst. Jedermann der Autor seiner eigenen Hölle! Eine idealistische, literarische, eine romantische Ansicht, der etwa mein Vater durchaus verpflichtet war. Die großen Eruptionen unserer Zeit haben diese Denkweise gründlich ins Wanken gebracht. Und doch, und doch: Im Alter pflegt man – wenn ich meine eigene Gemengelage (ein Lieblingsausdruck meines Freundes, des Dichters Robert Schindel) verallgemeinern darf – zu begreifen, worauf man angelegt war. Was vielleicht auch nicht viel mehr ist als ein billiger Trost, ich weiß. Zur Illustration: Es gibt ja diese Luftballons in Form von kleinen Mickymäusen oder Dackeln und dergleichen. Pumpt man sie auf, so werden sie lebensgroß, aber zuletzt hat man doch den gleichen Dackel! Nur eben nicht ganz, nicht immer! Bei manchen Ballonen wächst nicht nur das Format, sondern auch der Inhalt. Anstatt eines Dackels hat man dann einen Pudel oder auch ein Nilpferd. Und so kann sich eben auch der kleine Selbsthasser und damit Lebenshasser zum Liebenden auswachsen. Der Feigling zum Helden, wie es uns Hollywood allabendlich vormacht. Der geborene Dummkopf zum Verständnisvollen oder zumindest Bemühten (wie ich es von mir selber erhoffe). Man hat bloß nicht gewußt, was man alles in sich vorrätig trug.

Einiges aber bleibt immer in uns erhalten von der Urform, wenn auch unbewußt. Es gibt da ein Theaterstück von dem schottischen Autor James Barrie, der den Peter Pan erfunden hat. In dieser tiefsinnigen Komödie versammelt sich das übliche Dutzend zusammengewürfelter Gäste in dem üblichen englischen Landhaus. Alle unbefriedigt von ihrem Dasein und besonders, wie denn sonst, von ihren Lebenspartnern. Und alle sprechen es aus, das fatale Wort: »Hätte ich nur damals ...« Und danach kommt die Sehnsucht nach der zweiten Chance: »Wenn ich bloß noch einmal die Wahl hätte, noch einmal an derselben Gabelung stünde, ja dann ...« Wir haben aber in diesem Moment Johannisnacht, und sie dürfen! Dürfen nach Sonnenuntergang in das benachbarte Zauberwäldchen hineinspazieren. Und dort, ja dort treffen sie unvermeidlich eine noch viel dümmere Wahl als zuvor, und ihre angemaßte Selbsteinschätzung löst sich in Luft auf, natürlich auf eine komische Tour. Jetzt weiß ich auch den Titel wieder, das Stück heißt *Lieber Brutus*, nach einem Vers von Shakespeare im *Julius Caesar*: »Die Schuld, mein Brutus, liegt nicht in den Sternen, sondern in uns, weil wir Unfreie sind.« Es nützt also wenig, sich im Alter ewig den Kreuzweg zurückzurufen, wo man hätte können, so man können gehabt hätten dürfte! Das zu wissen ist ein Stück »Altersweisheit«, wenn Sie so wollen. Und daß Ihre großen Entscheidungen zumeist nicht aus Vernunft oder Überzeugungen kamen, sondern eben aus diesem unbewußten inneren Kompaß, das gehört auch dazu.

Und da fällt mir noch etwas ein, das ich eben erwähnt habe: der Selbsthaß, der, glaube ich, viele Jugendliche beherrscht, zumindest solange sie abhängig sind von Staat, Eltern, Erziehern usw. Auch und besonders diejenigen, die so gern mit ihrer Männlichkeit bzw. Sexyness auftrumpfen. Und lassen Sie mich hier in Parenthese gleich die Mär vom sogenannten »jüdischen Selbsthaß« ausräumen, der ja nichts weiter ist als der umgestülpte Haß der andern auf uns. Und der zum Beispiel auch kolonisierte Völker oder entrechtete Gesellschaftsklassen beherrscht und dann in der Regel durch Gewalttaten kompensiert werden muß bis hin zum Terrorismus. Auch ich war einst reichlich mit diesem Komplex gesegnet. Der ja zu einer generellen Ablehnung der Welt führt, also zur Isolation. Und was war meine Rettung? Ich mußte mir die Welt zugehörig und untertan machen. Und zwar wie – für einen, der kein Gewaltmensch ist? Nun, eben durch Einfühlung in sie, Hingabe, Lust an ihrer Erforschung. Ich versuchte sie mir einzuverleiben, ein Teil von ihr zu werden und sie damit zu einem Teil von mir zu machen. Gesundung über andere ist der Name dieses Spiels, das ich dann über Jahre in Funk und Fernsehen praktizierte. »Wir sind alle Menschenfresser«, habe ich diesen Vorgang einmal unvorsichtig genannt, ist aber so. Indem man sich mit dem Schicksal anderer Menschen befaßt, ja es sich möglichst zu eigen macht, kommt man aus der eigenen seelischen Misere. Auf einmal haßt du dich und die Welt gar nicht mehr, bist, fast ohne es zu merken, über die Brücke geglitscht. Gut für dich und gut für die Welt, denn Haß führt immer zu Schaden. Ja, ich kann mir vorstellen, daß sogar ein Hitler, bei aller gigantischen Selbstliebe, zutiefst ein Selbsthasser war. Vielleicht aus seiner gemutmaßten jüdischen oder slawischen Abstammung heraus, bzw. aus sexueller oder (wahrscheinlicher) emotionaler Impotenz. Und das alles, dieses giftige Magma, wurde dann eingeschmolzen zu dem »granitenen Fundament« seiner verquasten Weltanschauung, wie er es in *Mein Kampf* prahlerisch beschrieb.

Und dazu, also zu den Weltanschauungen und Überzeugungen, komme ich jetzt. Immer eingedenk des Spruches, den der französische Autor Vauvenargues uns vermacht hat: »Die Ratschläge des Alters erhellen wie die Wintersonne, ohne zu wärmen.« Oder, von einem verwandten Moralisten: »Die Alten geben gern gute Ratschläge, wie um sich zu trösten, daß sie kein böses Beispiel mehr geben können.« Also hin zu den Denkweisen, den Philosophien, besonders den politischen. Mit dem Alter nimmt zwar, für die meisten von uns, nicht unbedingt ihr Wahrheitsgehalt ab, aber doch der Glaube an ihre Realisierbarkeit. Und ein wenig von der Hitze, mit der man bereit war, für sie einzutreten. Zu oft ist man wohl um seine Gläubigkeit düpiert worden, sind unumstößliche Gewißheiten mit der Zeit ins Überholte, ja Lächerliche versackt. Gibt es sie wirklich, die Nur-Guten, die Nur-Bösen? Etwa die guten Demokraten, die bösen Islamisten? Oder sind wir nicht alle gemischt aus beiden? So in etwa sieht man im Alter die menschliche Tragikomödie, auch wenn man es sich ungern zugesteht. Die Überzeugungen werden immer abstrakter, die Menschen hinter ihnen konkreter. Dazu der schöne Satz – oder, wie er selbst es nennt: die goldene Regel – des alten Philosophen Lichtenberg: »Man muß die Menschen nicht nach ihren Meinungen beurteilen, sondern nach dem, was diese Meinungen aus ihnen machen.« Die Grundeigenschaft übrigens jedes guten Dokumentaristen. Ist es also aus, im Alter, mit dem schönen Glauben an eine bessere Zukunft? Oder aber, noch trauriger, krampft man sich an den Glaubenssätzen seiner Jugend fest, letztlich nur um sich selbst ewige Jugend vorzugaukeln?

Nun, ganz so schlimm muß es nicht kommen mit uns, auch wenn die Skepsis überhand zu nehmen pflegt betreffs ewigem Frieden und Menschheitsverbrüderung. Gab es eigentlich jemals mehr Aufstände, Revolten und Bürgerkriege gleichzeitig auf Erden als gerade in diesem Moment? Und hatten wir je so viele Freiheitsbestrebungen, die zuletzt zu engen Glaubensfehden verkümmerten? Wobei immer alles, verbal oder auch real, nach Gemetzel zu lechzen scheint. Und wie es in einem schönen englischen Gedicht heißt (ich habe Anglistik studiert): »Ignorant armies clash by night…« – ahnungslose Heere nachts aufeinanderprallen. Nicht die Menschheit, nur ihre Mordmittel haben sich rasant entwickelt. Also leider, leider kein tumber Optimismus mehr, kein vertrauensseliger Fortschrittsglaube in diesem Lebensalter. Obwohl doch die Lösung der meisten Weltprobleme so ziemlich auf der Hand liegt: So hörte ich erst kürzlich von einer Gruppe israelischer Ärzte und Chirurgen, die sich höchst illegal, und wahrscheinlich auch mit echt jüdischer Chuzpe, nachts in den Gazastreifen einschleichen, um dort verwundete Palästinenser zu versorgen. Wenn ich noch einen Film zu machen hätte, so einen wie diesen.

Aber: Werden nicht tatsächlich auf der Welt allerhand Dinge doch besser? Für die Alten, für die Kranken, für Unterdrückte und für ausgenützte Frauen und Kinder usw.? Ja, vielleicht. Zuletzt, zuletzt siegt doch immer die menschliche Vernunft, glaube ich, oder wurstelt sich eben so durch, das ist auch schon was. Und die Solidarität der Spezies ist unausrottbar, Gott sei Dank. Nein, das Alter macht nicht unbedingt pessimistisch, nur weil man selbst nicht mehr so viele schöne Aussichten vor sich hat. Aber das Alter macht zweiflerisch, das ist gewiß. Und so weiß man eben jetzt auch: Irgendwo muß es ein Gesetz geben, daß jeder Fortschritt auf anderer Ebene zu einem Rückschritt führt, jeder Gewinn zu einem Verlust, wenn auch dieser nicht immer an Ort und Stelle wahrnehmbar ist. Wie es eben Lichtenberg vor einem Vierteljahrtausend auf den Punkt brachte: »Man sagt noch Seele – wie man sagt Taler, nachdem die geprägten Taler lange aufgehört haben.«

Ja, auf solche gedrängten Aphorismen fährt man jetzt ab, während ansonsten die Bücher immer umständlicher zu werden scheinen, sich unnötig in die Länge ziehen. Ist man also kritischer geworden im Alter? Jedenfalls nimmt man lieber Sachbücher und Biographien vor, während man Romanen, insbesondere solchen mit großen Liebesgeschichten oder gar Science Fiction, immer skeptischer gegenübertritt. Was gehen mich die Romanzen fremder Leute an, oder gar ihre Zukunftsaussichten? Andererseits wird man Werke, die man in jungen Jahren begeistert verschlang, ungeniert neu vornehmen und sich darin sielen. Hier darf man wieder jung sein, was ja sonst Vernunft und Umwelt verpönen.

Schließlich: Bedauert man jetzt im Alter mehr als früher etwas vom eigenen Lebenslauf? Ja, gewiß, leider. Verblüfft und verständnislos gedenkt man der dummen Sprüche, die man von sich gegeben, schmerzender Wunden, die man ahnungslos geschlagen, spontaner Entschlüsse, die man hätte bedenken müssen. Letztlich aber, wie Sie vielleicht wissen, pflegt man weniger das zu bedauern, was man tat, als das, was man nicht getan hat. All diese Chancen, die man in den Wind schlug, aus Feigheit, aus Faulheit, aus Unbedarftheit! Warum nur hat man sich allzu schüchtern vor diesem Zusammentreffen mit Brecht gedrückt, der ja immer Mitarbeiter suchte. Warum den angebotenen Job als Scriptwriter in Hollywood ausgeschlagen? Warum später den Vertrag mit dem »Stern« zurückgewiesen? Dito die angebotenen Freundschaften oder auch Lieben. Wozu diese Entsagung, diese Genügsamkeit, zu einer Zeit, als einem doch alle Türen offenstanden? Hat man wirklich daran geglaubt, daß dies oder jenes einem ungemäß sei, oder daß sich die Chance schon immer von Neuem bieten würde? Oder stand da nicht eher die verfluchte Lebensangst im

Weg, dauerndes Erbstück der Emigration? Und doch, und doch: hat auch sie sich nicht als Wohltat erwiesen zuletzt? Denn gerade dieser innere Anlauf, den man sich von Mal zu Mal geben mußte, um sie zu überwinden, dieser erzwungene Ruck zur Aktion –war er nicht sogar der Hauptgrund für die Intensität, für die Emotionalität der Befragungen? Dieses Einsteigens in das Leben anderer, wie über 50 Jahre praktiziert? Aus Negativem das Positive herauszuarbeiten, aus Schwäche Stärke zu machen, da liegt es, nicht wahr? Und ist nicht eben dies zuletzt unser höchstes Gebot? Oder wäre das auch nur ein billiger Trost des Alternden? Ich weiß es wirklich nicht. Aber Trost ist ja auch nicht zu verachten mit der Zeit.

Ja, und nun bleibt uns zum Schluß doch noch etwas Ermutigendes, gar nicht leicht zu definieren. Habe ich vorhin verkündet, daß jeder Mensch unbewußt seiner eigenen Magnetnadel folgt, ob er will oder nicht, so möchte ich nun fast das Gegenteil behaupten. Nämlich: Es geht um jene beglückende Kunstfertigkeit, die ich drüben in Amerika gelernt habe und die sich Selbst-Erfindung nennt. Also ziehe du um zu neuen Feldern, lasse neue Wurzeln sprießen, entwirf dir eine neue Herkunft, einen neuen Namen, einen nie gehabten Werdegang. Und wenn das hinhaut, so bist du eben, anhand von solchem »Bluff«, dieser Mensch geworden: dieser Obama, dieser Soros, dieser Bob Dylan, dieser Casanova, dieser Gantenbein und zur Not auch dieser Große Gatsby ... Du übernimmst sozusagen dein Selbstbild als deine wahrhafte Identität. Hast so lange etwas gespielt, bis du es wurdest. Hast dich willentlich umgeformt, verabenteuerlicht. Ja, bist vielleicht sogar, über den Umweg der Selbsterfindung, zur Selbstfindung durchgestoßen, wer weiß? Diesen Weg der Verwandlung, den bin auch ich ein bißchen in meinen schmalen Grenzen gegangen. Bin jemand geworden, der nicht vorauszusehen war, schon gar nicht von mir selber. Diese jüdisch-wienerisch-amerikanisch-französische öffentliche Figur, dieser »deutsche Kulturjude«, wie ich mich schon mal ironisch genannt habe. Der, dem Sie, meine Damen und Herren, jetzt mehr oder weniger vertrauensvoll gegenübersitzen. Und den einige Ihrer Vorfahren – ich will hier niemandem nahetreten – mit Vergnügen umgebracht hätten, wie so viele aus meiner Familie. Auch Sie, bzw. Ihre Väter und Großväter, haben sich neu erfinden müssen, denke ich. Wie geht das alles zusammen? Ich weiß auch das nicht. Aber ich glaube, es ist das Privileg des Alters – entgegen dem, was Sie vielleicht mutmaßen –, nicht mehr alles wissen zu müssen, auch über sich selber nicht. Sondern sich in Gottes Namen abzufinden. »Ja« sagen zu sich und auch zu seinen Beschränkungen und Widersprüchen, so wie man nun einmal geworden ist. Mit Betretenheit, mit vielen Fragezeichen, mit Mokanz. Aber ist nicht Selbstironie in diesem Stadium fast die unabdingbarste aller Tugenden geworden? Ein Zitat, aber wo ich es herhabe – vergessen! Ja, zum Altern gehört auch die Vergeßlichkeit, das ist sicher. Nicht bloß, was ich eben im Schrank suchen ging, unterwegs dahin vergessen. Sondern urplötzlich auch die Namen von alten Bekannten, wo ich dann zu meinem Schrecken nicht einmal mehr weiß, unter welchen Anfangsbuchstaben ich sie in meinem Adreßbuch nachschlagen soll. Allerdings: bringst du das Thema später mit Selbstverspottung irgendwo zu Gehör, so gibt es häufig nur ein müdes Abwinken bei den andern: »Ach Gott ...«. Es ist anscheinend die Krankheit unserer Zeit. Dazu ein kleiner Tipp: Bei Lesungen und Partys immer eine Freundesliste bei sich tragen. Und bei

Gesprächsrunden erst einmal, bevor man den Mund aufmacht, die fälligen Namen für sich im Stillen repetieren, ganz so wie die Themen.

Tja, und mit dem Alter steigt natürlich auch die Lethargie. Der Wunsch, sich nicht mehr mit allen Problemen der Weltgeschichte auseinandersetzen zu müssen. Es wächst die Wurschtigkeit. Man hat überdies auch nicht mehr das Verlangen, sich selber täglich aufs neue zu erproben. Der Drang zur Erneuerung, zum »Du mußt dein Leben ändern« verblaßt, verdünnt sich allmählich, um der einen großen Frage zu weichen: Wie stehe ich zu meinem Tode? Wie werde ich ihm im gegebenen Moment gegenübertreten? Keiner weiß das ja so, und möchte ich es gegebenenfalls so gerne wissen? Oder doch lieber einstweilen die Sache auf die lange Bank schieben? Warum denn auch nicht? Fünfundneunzig ist doch kein Alter, ist doch die neue sechzig!

Und was bleibt danach als deine letzte große geistige Anstrengung? Ich glaube: sich auszusöhnen. Mit Lebensgefährten, Kindern, Freunden, vielleicht auch seinen Feinden. Und das Allerwichtigste: mit dir selber! Sich einverstanden erklären, auch mit seinen Läßlichkeiten und Lächerlichkeiten. »Ich bin wie ich bin, ich bin einfach so gestrickt«, sang einst Juliette Gréco in ihrer großen Zeit als Göttin von *Saint-Germain-des-Prés.* Wieviel Wasser ist nicht seitdem unter den Seinebrücken dahingeflossen, aber der Satz bleibt bestehen. Wir müssen ihn akzeptieren, wir müssen *uns* akzeptieren, im Guten wie im Bösen. Nur erkennen, sich zu erkennen, wie man nun einmal ist, darauf kommt es zuletzt an.

Und so finde ich zum guten Ende doch wieder in die alte Heimat zurück, und zwar zu dem böhmisch-wienerischen Zyniker Johann Nestroy und seinem Satz: »Die schönste Nation ist die Resignation!« Insofern nämlich, als man inzwischen schon die Vermeidung des Übels als Gutes empfindet, ja fast als das höchste derzeit zu habende Gut überhaupt. Aber noch sind wir nicht ganz so weit, noch gibt es Gewinne, wie zum Beispiel heute vor Ihnen zu sprechen. Noch hat man Frau und Töchter, Freunde, einen Bruder (wenigstens bis vor kurzem), hat Interviews und journalistische Aufträge vor sich, gar neue Bücher, Gespräche, Gedanken.

Und so lassen Sie mich mit einem Satz schließen, den ich gern meinen öffentlichen Lesungen anhänge, und der so lautet: Was ist Leben – wird man oft von jungen Leuten gefragt, so als wüßte man's mit weißem Bart besser als ohne. Und hat natürlich darauf eine schlagfertige Antwort: die Summe der intensiv erlebten Augenblicke! Aber wären diese nicht doch am ehesten in der *Jugend* zu haben als später? Worauf man ebenfalls eine weise Auskunft parat hat. Nämlich, daß es ja in allen Sprachen, die man kennt, einen Satz gibt: »Wenn die Jugend bloß wüßte ... und wenn das Alter bloß könnte.« Dazwischen aber liegt, sofern man einigermaßen Glück hat, eine Strecke, in der man sowohl kann wie weiß! Es ist die schönste Zeit.

Das Kapitel »Die Kunst des Alterns« ging aus einem Vortrag hervor, gehalten im Rahmen des Internationalen Literaturfestivals Berlin.

Das Autoreninterview wurde von Daniel W. Szpilman und Michael Bahnerth aufgenommen und erschien in veränderter Form in der »Basler Zeitung«.

Das Kapitel »Über die Freundschaft« erschien in »Geistesblüten«, einer Zeitschrift der Autorenbuchhandlung Berlin.

Die übrigen Beiträge sind zwischen 2014 und 2016 in der deutschen Kulturzeitschrift »Lettre International« erschienen.

Ihnen allen dankt der Verlag herzlich für die Abdruckgenehmigung.

Impressum

Dritte unveränderte Auflage Januar 2022

Dank an Georg Stefan Troller, Hannah Jennewein
und Reinhard Köster

Thomas B. Schumann
Kiefernweg 11
50354 Hürth bei Köln
Telefon 02233-67282
mail: edition.memoria@yahoo.de

Gesamtkonzeption Thomas B. Schumann
Gesamtgestaltung werk3 Berlin Hannah Jennewein
und Reinhard Köster
Texterfassung Tatjana D. Flothen

Foto-Nachweise Das Umschlagbild stammt von Norbert Schmidt.
Alle übrigen Fotos aus dem Archiv des Autors.

Druck und Bindung CPI books GmbH, Leck
Printed in Germany

Erstveröffentlichung
ISBN 978-3-930353-36-1

Ausführliche Verlagsinformationen: www.edition-memoria.de
facebook.com/edition.memoria